陈媚在加拿大多伦多进修形象设计期间

陈媚等色妆教育集团联合创始人一行在韩国进修

陈媚在企业培训公开课

陈媚与教学团队形象展示

陈媚与教学团队在服饰搭配课程后合影

陈媚与教学团队、学员在户外拓展训练营

魅力女性
气质修炼

陈 媚／著

Meili Nvxing
Qizhi xiulian

经济管理出版社
ECONOMY & MANAGEMENT PUBLISHING HOUSE

图书在版编目（CIP）数据

魅力女性气质修炼/陈媚著. —北京：经济管理出版社，2016.6
ISBN 978 - 7 - 5096 - 4340 - 2

Ⅰ.①魅… Ⅱ.①陈… Ⅲ.①女性—气质—通俗读物 Ⅳ.①B848.1 - 49

中国版本图书馆 CIP 数据核字（2016）第 074893 号

组稿编辑：张　艳
责任编辑：张　艳　丁慧敏
责任印制：司东翔
责任校对：王　淼

出版发行：经济管理出版社
　　　　　（北京市海淀区北蜂窝 8 号中雅大厦 A 座 11 层　100038）
网　　　址：www. E - mp. com. cn
电　　　话：（010）51915602
印　　　刷：北京晨旭印刷厂
经　　　销：新华书店
开　　　本：720mm×1000mm/16
印　　　张：13.5
字　　　数：176 千字
版　　　次：2016 年 6 月第 1 版　2016 年 6 月第 1 次印刷
书　　　号：ISBN 978 - 7 - 5096 - 4340 - 2
定　　　价：36.00 元

前　言

　　在我们学习形象管理的过程当中，老师都会反复问一个问题："你有没有想过这样一个问题——你最希望人们怎样来评价你？如果让你选一个词，这个词会是什么呢？"

　　第一次听到这个问题时，我思索良久。是呀！我希望这个词是什么？

　　我想到的第一个词是"美丽"。身为女性，天生丽质，明眸皓齿，面如春花，走在人群中，回头率总是高于他人，甚至一笑倾城，让追求者们日思夜想。这应该是很值得期待的情景吧！

　　但是，几乎在同一时间想到的另一个词是"智慧"，知性尔雅，腹有诗书，像清茶沁透着缕缕清香，值得细品。还有"善良"，宽厚慈悲，如水润万物，春暖人间，这是对女人品德的极大肯定。

　　然而，我又想到，如花美眷难敌似水流年，美丽是最让人心动的词语，它的要求也最高。一个智慧的女人能够用她的温柔和敏锐的洞穿力给人以启迪，给人以建议，让人觉得心安。但是，智慧这个词更适合历经沧桑的老人，说一个女人智慧，虽令人敬佩，却不令人神往，这是无可奈何的事实。善良，是一个极高的评价，但若是唯一的评价，定会让我心有不甘，也让所有女性心有不甘。我们很清楚，男人不会仅仅因为某个女人灵魂高尚就爱上她。

　　紧接着，又一个词进入我的脑海，我想只有它，可以有如此丰富的内涵，那就是"气质"。气质便是我们无意间散发出的品位、人格及魅力。

有气质的女人必然美丽，即使没有如花的容颜，也有端庄的仪态，举手投足带着不容抗拒的魅力。她们是人群中的焦点，无论男女，都令人忍不住注目。

有气质的女人必然聪慧，她们被艺术熏陶，有哲学底蕴，有文学功底，与人相处有分寸，有礼节，有情义；对待事业专注有毅力，对待生活浪漫有情趣。

有气质的女人可天真、可性感、可活泼、可文静，她们不会千篇一律，而是尽兴地发挥个性中的美丽，将这美丽与岁月、阅历融合，这份吸引力不会昙花一现，而会历久弥新。

气质，可以称为女人的魅力资本。因为花样容颜会在流光中萎顿，柔情款款会被生活消磨，但对生活的这份珍爱，对自己的这份呵护，从不会消失。

基于这份对于气质的真挚情怀，我特别编写了这本《魅力女性气质修炼》。里面有一部分是我在给广大学员们上课时讲的内容，有一部分是我自己积累的感受，还有一部分来自朋友及业界同仁的推荐。我相信这本书能够让女性认识到气质对于自己的重要性，以及如何修炼气质，塑造更好的自我。

当然，我可以负责任地告诉亲爱的读者朋友，打造一份特有的气质，并不是那么容易的事。不过也没有那么困难。很多事，我们只要沿着一个方向一直走，就能到达目的地，但气质之路，不是你在某方面努力就能走完的，只钻研一个方向，就会走偏；所有方向都钻研，又容易流于表面。看看人们对气质女人的评价：简约而不简单，美观而不媚俗，时尚而不另类等。看了这些，你就知道修炼气质之路漫漫，需要大量的耐心、精力甚至金钱。需要苦心孤诣，需要改变现有的观念，需要一次次地超越自我。

目　录

第 1 章　气质恒久远，魅力永流传 | 1

相对于美丽的容颜，女人的真正魅力更体现在由内而外散发出来的气质上。气质便是我们无意间散发出的品位、人格及魅力。只要我们时刻将自己最佳的气质呈现出来，就会美丽常在，魅力永存！

第2章 好心态激发强劲"美力" |27

玫瑰,从含苞待放到凋零枯萎,安静从容、不慌张,这是一种淡定的姿态,女人也当如此爱自己:纷繁动乱中,守住清静,不慌不忙;枯燥无味时,忍于寂寞,不躁不乱。稳住一颗浮躁的心,留一份坦然与沉稳,生活就能从容,人生就能淡定,幸福就会到来。

第3章 个性品格为美丽"护航" |55

著名的哲学家泰戈尔说过这样一句话:"生活并不是一条人工开凿的运河,不能把河水限制在一些规定好的河道内。"是啊!任何人的生活都不该受到一些没必要的限制和束缚,生活本身是可以自由选择的。因为,你就是你,独一无二的你!

第 4 章　习惯唤醒"沉睡"魅力 |93

修炼气质的路有很多条，但唯一一条不可少的，就是习惯的力量。关于习惯，我们常听到这样的说法，比如：习惯决定性格，性格决定命运。我们甚至可以认为，习惯是影响或者决定我们命运的关键。对女性来说，好的习惯是唤醒"沉睡"魅力的保障，是打造魅力人生的不二法宝。

第5章 仪表——看得见的"引力" | 119

女性们大多曾接受过这样的教育："不要太追求外表美，要努力做个有内在美的人。"以貌取人，一直以来都被视为肤浅、庸俗的行为。然而，在这个充满竞争的时代，我们不得不承认，女人的第一印象与外貌脱不了干系。

第6章 精巧妆容：打造绝伦魅力 | 149

"不化妆的女人没有未来"，不知道是谁说出这么一句看起来有点刻薄，但却是"真理"的话。女人的美丽不仅在于天生丽质，而且在于整体的妆容效果。想做个闪亮的美女，任何时候都要注意自己的妆容，让化妆成为自己的一种生活习惯。

第7章 仪态是最好的"化妆品" | 175

培根说："形体之美要胜于颜色之美，而优雅行为之美又胜于形体之美，最多的美是画家无法表现的，因为它是难以直观的。"身为女性，要给别人留下美好的印象，外在美固然不可小觑，但优雅的举止、高雅的谈吐等内在涵养同样重要，甚至更为重要。

第**1**章

气质恒久远，魅力永流传

> 相对于美丽的容颜，女人的真正魅力更体现在由内而外散发出来的气质上。气质便是我们无意间散发出的品位、人格及魅力。只要我们时刻将自己最佳的气质呈现出来，就会美丽常在，魅力永存！

●●气质是女人的灵魂●●

最近热播的电视剧《芈月传》，又让"娘娘"孙俪大火一把。她把十几岁古灵精怪的少女芈月演得灵气四溢，后期芈月的霸气十足也很让观众信服。凭借不俗的演技，孙俪又一次征服了亿万观众的心。

实话实说，在美女如云的娱乐圈，孙俪的容貌当真算不得数一数二，可她为何会获得如此大的成功呢？对比一下十几年前孙俪初出道时的照片就可以找到答案，那就是时下最流行的一句话——"主要看气质"。

初出茅庐的孙俪，面容清秀，装扮也如邻家女孩一般，虽清纯可人却缺少一些惊艳。直到宫廷戏《甄嬛传》的热播，孙俪凭借对工作的认真与热爱，凭借自身的努力和不俗的演技，为自己赢得了无数的荣誉与掌声。好演员能给观众带来愉悦感，开心时能让观众跟着她们一起笑，难过时也能让观众随之泪下。演员哭起来带感，笑起来传神，一颦一笑都牵动着观众的神经。

当然，也有一些美女演员，哭不能让人伤心，笑不能让人莞尔，和其他演员对戏，别人投入她被动，看着她，很容易让观众出戏。如此一对比，就更显得孙俪这样的演员出类拔萃了。

现在的孙俪早已褪去了青涩，仿佛笼罩着一层"女神"的光芒，给人的感觉是无比惊艳。沉思时目光沉稳，严肃时目光决绝，微笑时眼含柔情，大笑时畅快淋漓……现在的孙俪不光在工作中能驾驭少女、辣妈、女政治家等各种角色，而且在日常生活中，无论什么衣服她都能穿得韵味十足。现在的孙俪，被认为是中国最具气质的女明星。

当然，气质不是名人的专属品，我们每一个普通人都需要。在我们的生活中不乏这样的美女，她们就像好看的布景，又如精致的摆设。有人被她的美丽吸引，接近后，却发现她除了美貌空无一物。于是，人们当她们是观赏品，俗称"花瓶"。这样的女人不会长久地吸引别人，人们觉得，不论美不美，她们身上都少了最重要的东西。这个东西就是灵魂——一种属于女人由内而外散发出来的气质。

一个有气质的女人才是好女人。一个好女人，一是指品性，二是指女性内心更深层的东西，例如对生活的悟性。

可以说，女人的美丽有两种，一种是如花的美丽，一种是如树的美丽。

花的美丽只在一时，树的美丽却能长久保持。两者就好比"花瓶女人"与格调女人，距离远如南北两极，当然她们都很美，前者的美会随着岁月的流逝而消失，而后者的美经历过时光的沉淀却会越来越有味道。有时候，后者在外貌上并没有什么优势，甚至极其普通，但她们强大的内质，却能够牢牢地吸引住身边的人。不论男女，都会为她的品格、她的生活态度、她与众不同的见解所折服。

那么，属于女人的气质到底是什么呢？以我的双眼看到的，以我的经历体会到的，我愿意与诸位分享。

1. 一颗善良、有爱的心

虽然女人的气质分为很多种，有的女人如婉约有致的国画，也有的女人个性强烈如浓墨重彩的油画……不管是什么样的气质，善良都好比是这幅画的底色，是所有气质的基础。只有建立在善良底色上的气质，才能算作美丽。

女性的心如果是善良的，那么必然会有爱。女人爱自己也要爱他人。爱自己，就会修身养性，不只考虑当前的貌美如花，还要考虑几十年后的迷人风采；爱他人，就不会在与人相处时斤斤计较、勾心斗角，而是以平和宽容的心包容他人，包容世界，认同他人的价值，而不是傲慢地活在自己的世界里，高高在上。

2. 独立，有主见

遇到事情不思考，直接询问别人的意见，让别人告诉自己该怎么办，是很多女人最易犯的毛病。这让她们在思想上永远需要依附别人，即使有自己的想法也放不开胆子。究其原因，是因为她们不够独立，没有形成自己的思考模式。一个没主见的女人耳根子软，听风就是雨，对人生没计划，对未来没安排，就像随风摇摆的花草，缺乏长久的吸引力。

女人要有意识地培养自己的独立思想，对人对事都要有自己的见解，你看得越多，想得越多，想法就会越全面，越有自己的特点。这样你说的话才有分量，才能得到别人的重视。女人必须要做的，就是自己思考，然后把想法说出来，这是独立的第一步。

3. 沉稳与博学

女人是情绪化动物，也喜欢表露自己的情绪。有气质的女人反其道而行之，很少随意显露情绪，她们不会慌慌张张，而是沉静谨慎；处事也不会操之过急，而是三思而后行。她们的"稳"，让他人也让自己安心。"不以物喜，不以己悲"不是那么容易达到的，但希望有朝一日，每个读者都能有这样的心胸。

这样的心胸需要相当多的知识作为积淀，这种知识并非全部来自书本，还有个人生活经验、社会经验的累积，这些知识让女人看到某物会进行联想，能举一反三，进而谨慎思考，从而形成气质上的沉稳。所以，有远见的女人会有意识地"读万卷书，行万里路"。

4. 优雅与格调

女人进化的高端层次，是在品性与心性的完美呼应下所完成的积累——美丽的积累、素养的积累和文化的积累。有这种积累的女人，会由内而外散发出高洁的气质、举手投足的风度、谈吐上的谦卑与独特。这样的女人是女性中的珍品，她们的生活从不模仿，从不随波逐流，贫不失教养，富不失仁爱，无论何时都能找到自己的丰富多彩，让人羡慕。

●●自信是提升气质的最佳 "化妆品" ●●

美，是女人永无休止的话题；美，也是大部分女人永远追寻的梦想。当然，女人的美多种多样，可以是多愁善感，也可以是豁达开朗；可以是温婉贤淑，也可以是性感张狂……但无论哪种美，都抵不过自信所带来的气质之美。一位著名心理学家曾经说过，自信是提升女人气质的最佳 "化妆品"！

为什么自信有着如此大的魅力呢？

这是因为自信是支撑一个人活下去的力量，是一剂良药。自信的女人，不一定天姿国色，不一定闭月羞花，甚至可能相貌平平，但是因为那份自信，她瞬间便变得光彩照人，雅致高贵。

著名的文学大师索菲亚·罗兰曾这样说："一个缺乏自信心的女人永远也不会有吸引别人的美，没有一种力量能比自信更能使女人显得美丽。"古龙也说过："自信是女人最好的装饰品，一个没有信心的女人，就算她长得不难看，也绝不会有那令人心动的吸引力。"这些话都生动地说明了自信对女人的重要性。

相反，缺乏自信的女人几乎都有相同的生活模式：她们从不改变自己的服装样式；总是躲在同一群朋友中间；在人前自惭形秽，悲观失望，谈话时会突然脸红；死死守住自己牢骚满腹的工作……如此岂能和气质沾边儿呢？又如何能赢得周围人的欢迎呢？

曾经从一本书中看到过这样一则故事：

有一对双胞胎姐妹，她们长得非常相似，从小就穿一样的衣服并梳同样的发型。但不论是邻居还是朋友，都能一眼辨别出谁是姐姐，谁是妹妹。因为姐妹两个的性格很不一样，尤其是在自信方面。

妹妹由于从小身体比较弱，父母格外照顾，性格优柔。比她不过大五分钟的姐姐却非常自信，处事从容大度，也总是让着她。姐姐越强，妹妹就越弱，那种不如别人的心理让妹妹感到很自卑，从小胆小怕事、畏畏缩缩。

大学毕业后，姐妹两个进了同一家房地产公司做销售员。不久，姐姐就被提升为销售部经理，而妹妹则被调离了销售部。为什么呢？因为姐姐总是很自信地面对客户，令人信任，业绩突飞猛进。而妹妹一直很自卑，面对客户时胆怯心虚，说话都会突然口吃，有时不知道如何应对，哪个客户会"买账"呢！

事实说明，自信的女人对生活充满信心，对感情充满信心，对自己充满信心，永远不会自怨自艾，也不会失去努力发展的动力。因此，无论是在生活上还是工作上，她往往会朝气蓬勃，心中充满希望。因此，不管外表如何，出身怎样，只要有自信，就拥有了高贵的气质；只要有自信，就拥有了人生的价值；只要有自信，就是最漂亮、最具魅力的女人！

在这个充满竞争的社会上，女人要扮演很多角色，那种自怨自艾、柔弱无助的女人已渐渐失去了市场，而只有用自信心做后盾，学会自我拯救和自我完善，才是女人优雅生活的重要本钱，也是能够让女人获得他人欣赏的最佳方式！

人们喜欢自信的女人，是有原因的。

有自信的女人对待生活和工作时总是面带笑容，神采奕奕，信心百倍，她们的脸上永远透着自信的光芒，并且能够用热情感染周围的人，扫去父母、丈夫、孩子、友人以及同事等脸上的阴霾，能用柔柔的话语化解对方心中的苦闷。

有自信的女人总是能坦然地面对社会，面对生活赋予她的一切，甜也好苦也好，悲也好喜也好，痛也好乐也好，都有勇气去承受、承担，即使遇到失败或残缺的生活，也不会失去努力的信心，对未来充满希望。

自信，就是女人提升气质的最佳"化妆品"，而且具有不同的"功效"。

1. 积极的心理暗示

经常给自己积极正面的心理暗示，比如，"我真棒！"、"我能行！"、"我一定会成功的！"等。为自己打气，让自己充满信心地去面对每一件事。

2. 分解目标

不要妄想一口吃成个胖子，也不要被宏大的目标吓倒。将自己的目标拆分成一个个"小目标"，然后一点一点地去实现。一步一个脚印，在不断实践的过程中消除你的自卑感，增强你的自信心。

3. 不要期望过高

不要对自己有太高的期望和太强的荣誉感。所谓希望越大，失望越大。克服自己的虚荣心，以免自己的自卑心愈演愈烈。

4. 不要对过去的失败耿耿于怀

过去的都已过去，把握现在才是王道。所以，不要沉浸在过去失败的痛苦中。努力铲除自卑生长的土壤，整理好心情继续上路。

5. 扔掉自己身心缺陷的沉重包袱

千万不要用"有色眼镜"看待自己，自暴自弃，也不要因为身体上的一些缺陷而瞧不起自己。想想，一个瞧不起自己的人，又怎么得到他人的尊重呢？

如果你想做一个散发着别样气质的美丽女人，那么，请你用好"自信"这款"化妆品"。无论何时何地，无论遇到了什么样的艰难险阻，都要始终相信自己。当你充满自信，无论在哪个场合，你都是最具非凡气质的女子，都是最耀眼的焦点！

●●培养兴趣爱好，是修炼气质的捷径●●

有着"不老女神"之称的导演、演员俞飞鸿，在接受媒体采访时就表示，不管是家庭主妇还是职业女性，都应该培养自己的兴趣爱好，不放弃自己，别人才会接近你、喜欢你。

事实上，气质这东西，并非先天带来的，很大程度上都是后天塑造出来的。那么对于一个女人来说，塑造气质有没有普遍适用又快速的好方法呢？答案是肯定的。这个方法就是培养自身的兴趣爱好。

不妨想想看，除了家庭和工作以外，你生活里还有没有别的事情？你有兴趣爱好吗？如果没有，那真的太糟糕了。因为一个没有一点兴趣爱好的女人，简单得就像一张没有颜色的纸，很难吸引周围的人，更别提拥有气质了。

可以说，兴趣是人生最好的老师，更是女人修炼气质的捷径。因为它可以使人身心放松，激发一个人积极的情感情绪，进而呈现出五光十色、色彩斑斓的迷人光芒。不论你承认与否，有兴趣爱好的女人活得多姿多彩，生活有质量，总是能够受到更多的尊重和欣赏，甚至有可能成就女人的一生。

薇薇是某广告公司的文案策划，有一个体贴的老公，一个可爱的女儿，周围的人总是说："薇薇，你精力旺盛，状态真好"、"薇薇，你过得真幸福，真羡慕你"……说实话，薇薇也对自己的生活很满意，不过她知道这一切都是兴趣爱好带来的。

薇薇的兴趣爱好比较广泛，一切美的事物，她都喜欢。面对几近枯燥乏味的生活，日常生活中的她总有几项固定的事情要做，如画画、看书、做瑜伽、听音乐、唱歌……薇薇就用自己的这些兴趣爱好充实自己的生活，这也是她快乐的动力。不过，生活对薇薇也不总是"微笑"的，工作、家庭中难免会发生不愉快的事情，此时薇薇依然会通过做自己喜欢的事情来调整自己，比如，组织几个姐妹去 KTV 唱歌，在放声高歌中排解压力，在音乐中释放自己的感情。

兴趣爱好不但会带给薇薇心灵的宁静，还令她在爱好中陶冶性情，修身养性，提高自己的生活品位和素质，发现生活的新天地。她工作的灵感一次次迸发，多次得到老板的表扬，更赢得了老公的万般宠爱。

所以，培养自己的兴趣爱好吧！你会发现它犹如心灵的一块绿洲，在人生旅途干涸的时候，滋润你的心灵，支撑你的精神世界，而且它还可以陶冶你的情操，培养你的气质，让你成为一个高质量的女人，你定会是迷人的、快乐的，说不定哪一天它还会成为你最傲人的资本呢！

也许你会说，每天的工作、生活那么累，我连放松自己的时间都没有，哪有精力和时间培养兴趣爱好呀！殊不知，兴趣爱好与工作、生活一点也不冲突，而且它还会给你的工作与生活带来想象力和创造力。

当工作疲惫时，兴趣爱好令你心灵放松；当遇到挫折烦闷时，它让你暂时忘却一切的烦恼和不快；甚至于在你的人生之路面临绝壁的时候，它让你"山重水复疑无路，柳暗花明又一村"！更何况，兴趣爱好组成了女人生活中一个非常重要的部分——气质，这样的女人本身就是一种美，有谁不喜欢，不欣赏呢！

扪心自问，你的兴趣爱好是什么？不妨现在就开始行动起来。如果你现在还不明确，没有关系，好好回想一下，你从事哪项活动的时候曾有过满足、快乐、开心，甚至是兴奋的感觉，那就是你的兴趣所在。

兴趣爱好所具备的魅力，是任何化妆品也修饰不出来的优雅和高贵，是每个女性都值得拥有的东西。当你拥有自己的兴趣爱好，并能够为此付出努力，就等于掌握了修炼自身气质、活出漂亮人生的一把"金钥匙"。

●●保持独立，做自己的主人●●

"靠山山倒，靠人人跑"，这是民间流传的一句俗语，可谓话糙理不糙。对于现代女性而言，独立是一项必备的生存技能。独立的女人能够主宰自己的命运，不为他人的意志所左右，不被他人的固守所束缚。她们相信，自己的命运只有自己能够主宰。正如大诗人亨利曾写过的诗句："我是命运的主人，我主宰自己的心灵。"

在实际生活和工作中，我们可以明显地看到：有的女性之所以活得成功，是因为她们自信满满地行走在幽雅小径之上，不仅找准了自己的目标和位置，而且还延伸了自己的理想和主宰命运的能力；而有的女性最终却让自己陷入了"死胡同"，这是因为她们的消极心态驱使她们躲在阴暗的角落，这样一来，她们根本就摸索不到前行的路。

应该说，独立地做自己命运的主人并非是说说那么简单，而是一门很有艺术性的学问。我们只有真正成为自己的主人，才能领悟到其中的人生真谛，塑造出灿烂辉煌的一生。

时至今日，女性不仅在教育方面与男性绝对平等，并且在经济、工作、社会地位、思想各方面，也享有独立自主的权利，迈入"主权在我"的时代。可是在感情上，依然残存着严重的依赖，那种依赖的心态表现是依旧将自己的苦乐系在男人的身上，而不能做自己的主人。听到男人的甜言蜜语就感到开心，眼里除了他什么都没有了，甚至忘了自己，一旦稍有变故，要不就忍气吞声，自认命不如人，要不就寻死觅活，甚至来个鱼死网破，这样的例子已是屡见不鲜！

苦乐由他人，或许是现代女性心灵的最大盲点，阻碍了女性真正迈向成熟。所有的桎梏和压力，都是自己给自己套上去的。女人不一定要成为女强人，但必须做自己的主人，真正地独立自主，不必把快乐、幸福、希望寄托在别人身上，只有能对自己负责、勇于对自己负责的女人，才了解人生的真谛。

说到底，我们自己才是自己的主人，我们的命运只能由自己来主宰。同时也让我们认识到，只有自我拯救才能获得别人更多的帮助，才能出现"生"的奇迹。那么，我们该如何完成自我拯救呢？

首先，我们要始终保持乐观而自信的积极心态，坚持一种自强自立的精神，机遇一旦来临，我们就要牢牢地把握，坚持不懈，进行到底。

其次，要为自己确立正确的目标，从内心挖掘自己想要走的方向。

作为新时代的女性，我们不能将自己套在一个固定的框架内，不光要"尽心尽责"，还要不断地自我激励，从而突破自己，让自己上升到一个新的高度。与此同时，还要让自己的思维"更新换代"，因为创新是使脚下的路得以延伸的牢固基石。

●●做一枝风雨中的铿锵玫瑰●●

　　作为一个年轻的女人，你要不要拼呢？对于这个问题，让我想到了一直以来不无争议的女星"范小胖"。她曾经口出豪言："我不嫁豪门，我就是豪门！"

　　对这样的话，不要不屑，更不要嘲笑她。她的实力可是明摆在那儿的，你有什么资格不屑和嘲笑呢?！更何况，在这些"狂言"的背后，她所付出的远非一般人所能比拟的。

　　当然了，举这个例子并不是想标榜某位女性，而是想告诉年轻的女人，要想有好的未来，要想活得漂亮，你就得努力让自己进步，进步，再进步。

　　有了实力你就有了底气，有了底气你才会淡定平和，才会有更多选择的余地。不过话说回来，任何实力都不是天上掉下来的，都是你自己用一点一滴的心血铸就而成的。

　　著名歌手田震唱过这样一首歌，歌名叫《铿锵玫瑰》，是中国女足的队歌。女足队员比所有的运动员都艰苦，但是她们克服了一切困难，成为世界女足中的一支劲旅。人们也对"女足姑娘"非常敬佩，因为在风雨中坚持到底的女人是很有魅力的。

　　现实生活中，有不少女性不敢吃苦，害怕吃苦，拒绝吃苦。她们在最应该吃苦的年纪选择了安逸，在最应该学习的时候谈了恋爱，这样的女人纵然享受了青春的快乐时光，却也丧失了磨炼自己的最佳机会。当她们将自己的全部人生交给丈夫、家务、孩子以及无穷无尽的琐事时，苦难已经悄悄埋进了心灵的土壤。一旦遭受生活的挫折，那么她的世界将轰然倒塌。

想想看，学习不苦吗？但得到的知识是甜的。思考问题不苦吗？但得到的智慧是"甜上甜"。锻炼身体不苦吗？但得到的"人鱼线"、"马甲线"是甜的……因此，每个年轻的女人都应该记住：吃苦并不完全是件坏事，只要你用积极的态度面对，它就会变成积累经验的好时机，还能转化为成功的资本呢！

对很多女性来说，生活好比一棵黄连，虽然根是苦涩的，但它开出的花朵却很美丽。你要知道，在一些女性选择放松、享受的时候，总有另一些女性主动选择吃苦。显然，后者对自己够狠，同时她们也往往能够更好、更快地提升自己，在众人之中脱颖而出。大家所看到的体面和风光，也一定会出现在这些女性身上。正所谓"吃得苦中苦，方为人上人"。

所以，当我们遇到苦难时，不必悲观，不必惧怕，静下心来想想那些能激发我们斗志的故事和经历等，回味其中的道理，对自己狠一点，勇敢去吃苦吧！吃一般人吃不了的苦，让自己拥有更为顽强的胆魄、更为坚定的意志，那么你就会变得更成熟、更强大，终有一天你会走出人生的困境，换得生命的壮丽华彩。

请相信，"女人靠自己"绝不是一句装点门面的空话，它需要我们在生活、工作以及待人处世等每一件事情上付诸切实的行动。当我们努力践行自己对苦难的认识并接纳它，那么我们就可以完全凭借自己的力量成为那枝风雨中的"铿锵玫瑰"！

●●如何塑造你的知性气质●●

有一种女人只有普通的衣着，素面朝天，可她们走在浓妆艳抹的女人中时，反而格外引人注目，更能赢得优秀男人的欣赏。是什么让她们拥有了独特的魅力？答案没别的，只有修养及浑身洋溢出的知性美。

知性女人，是卡耐基大师最推崇的女人。他认为，这种女人最具魅力。她们聪明慧黠，人情练达，超越了一般女孩子的天真稚嫩，也迥异于女强人的咄咄逼人，她们在不经意间流露着柔和知性的魅力。

何谓知性？查阅词典得知，知性是指内在的文化涵养自然散发出的外在气质，说白了就是让人看一眼就觉得此人有文化、有内涵。现代人也常常用"知性"一词评价漂亮又聪明的女人。

知性女人拥有比较丰厚的知识底蕴，因此形成了某种具有文化气息的气质和风格，并在言行举止中表现出来，使接触到的人都能感受到其深厚的文化背景，从而透出光彩照人的魅力。这是知性美的一大特征。

知性女人自信、大度、聪明、睿智，清楚自己需要什么；知性女人感性却不张狂，典雅却不孤傲，内敛却不失风趣；知性是美丽与气质的综合，或淡定从容，或优雅大方，或冷艳低调，或聪慧贤淑。你可以无视岁月对容貌的侵蚀，你可以与魔鬼身材、轻盈体态相去甚远，但你一定要用文化修养打好内在美的基础，让知性气质离自己近一些，再近一些。

"90后"女孩安雅人如其名，安宁优雅，一颦一笑，都有千般情绪万种风情，这让见到她的男人们都深深着迷，而这种着迷无关美丽容貌和光鲜衣着，仅仅是她全身散发出的那种气质吸引着众人的目光。

安雅的秘诀就是读书。走进她的家，除了桌椅等几件必需的家具外，入眼之处都是一摞摞的书。闲暇时间，读一些唐诗宋词、古今中外优美的散文，在轻松悠闲的阅读中修身养性，慢慢地，由内而外地洋溢着浓浓的知性美，平添了许多清丽与优雅。

现在，安雅依靠着自己的知性美已经遇到了她的"真命天子"，并赢得了对方的"专爱"。每当两人逛街时，即使是面对浓妆艳抹、年轻漂亮的女孩，男友也不会左顾右盼，目光始终不肯离开安雅，用他的话就是："安雅浑身散发出一种独特的迷人气质，走到哪儿都是焦点，引人注目。"

"读书已经成为我生活中必不可少的一部分"，安雅坦言说，"我看书的时候喜欢独立安静地思考，思考得多了，便从这些书里得到了宽广的视野，体会到了丰富的想象空间，提高了看待生活的境界，这让我不惧岁月流逝。"

青春稍纵即逝，美丽的容貌是很短暂的，而时光可以带走青春容颜，却带不走知识的积淀。常伴书香的女人，是由内而发的美丽，即使两鬓白发，脸上爬满了皱纹，也一样可以美丽动人，并且随岁月而醇厚。

有一句话这样说："世界有十分美丽，但如果没有女人，将失掉七分色彩；女人有十分美丽，但如果远离书籍，将失掉七分内蕴。"这话说得很精辟，也很到位。书籍，是女人经久耐用的"化妆品"，也是知性美的源泉。

著名作家、心理医生毕淑敏曾这样评价："书不是胭脂，却会使女人心颜常驻。书不是棍棒，却会使女人铿锵有力。书不是羽毛，却会使女人飞翔。书不是万能的，却会使女人千变万化。"这正印证了一句话——"腹有诗书气自华"。

如果说涂脂抹粉、做保养是女人对外表的美容，那么读书则是女人的深度美容。爱读书的女人，她们的谈吐、气度、仪态、修养，她们举手投足间都流淌着美的味道。这种美，就是一种凝结万卷精华的气质，是一种抛弃了浮华、摆脱了庸俗的气质，如一坛陈酿，虽然未必清冽却醇香醉人。

所以，别再只肤浅地用化妆品和时装装扮自己了，学着修炼自己的内在美吧，让自己真正由内而外得到改变。即使你貌不惊人，与魔鬼身材、轻盈体态无缘，但优雅的谈吐、脱俗的气质，也依然是他人眼中一道优美的风景。

●●气质类型与职业取向●●

在谈到女人气质的时候，我们往往会用柔美、干练、灵秀等词汇来形容。换句话说，女人的气质是多种多样的。正是因为存在不同的气质类型，女性的世界才显得更加精彩纷呈。不仅如此，女性气质类型的不同，还会直接影响到职业取向呢！

我们看到，很多刚毕业的大学生常常在怎么找工作、找什么工作方面犯难。还有很多上班族已经在职场上混迹良久，但还是经常跳槽，不知道自己为什么安定不下来。

那么，到底该如何选择一份适合自己的工作呢？这和气质类型又有什么密不可分的关系呢？

事实上，要想将自己定位在一个最能发挥自己长处的位置上，能够最大限度地实现自我价值，就需要做一个有效的职业生涯设计。而这个职业生涯设计必须在充分且正确地认识自身条件与相关环境的基础上进行。

换句话说，对自我及环境了解得越透彻，越能做好职业生涯设计。在此，我们不谈论其他更宽泛的影响因素，单说气质类型对人们选择合适职业的影响。

从心理学上讲，气质是人典型的稳定的心理特点，一般分为胆汁质、多血质、黏液质和抑郁质4种。这4种气质类型会对职业取向产生不同的影响。

第一种类型的人其特点是热情、直率、精力旺盛、勇敢积极，但情绪容易激动，脾气暴躁，具有很高的兴奋性和较弱的意志力，能够以极大的热情投身于事业，克服在达到既定目标道路上的重重困难。但是，这种气质类型的人一旦精力消耗殆尽，往往对自己的努力丧失信心。胆汁质的人适合做开拓性的工作，如进入商界会有不错的成绩，但是要克服自制力不足的毛病，否则成不了大器。

第二种气质类型，也就是多血质气质类型的人，其神经过程平衡而灵活、活跃好动、表情外露、善于交际、适应性强，但做事缺乏持久性，注意力容易转移，适合从事多变和多样化的工作。这种气质类型的人是杰出的活动家，对事业有浓厚的兴趣，而且能够持续很长时间，但是如果工作受挫或需要付出艰苦努力时，热情就会锐减。像记者、管理人员、律师、公关与人事工作很适合这种气质类型的人。

第三种类型，也就是黏液质气质类型的人，其神经过程均衡，但灵活性差，表现为安静稳重、善于忍耐。但是这种气质类型的人反应缓慢、不够灵活，反而能够较好地克制自己的冲动和勃发，严格遵守既定的生活秩序和工作制度，所以固定性有余而灵活性不足。黏液质气质类型的人是最佳的合作者，也是最容易得到上司认同的下属。通常，他们很难做出惊天动地的大事情，却是不可缺少的贡献者，适合从事一些固定性强但需付出细心谨慎的工作，如文秘、行政主管、收银员等。

第四种类型，也就是抑郁质气质类型的人，其细心谨慎，感情细腻，较孤僻，善忧思，疑虑重重，缺乏果断。这种气质类型的人神经功能较弱，不能忍受太大的精神紧张，即使是微弱的刺激，也会产生较强的感受，情绪体验丰富，常常为一些微不足道的事情动感情。他们能够与别人很好地相处，胜任别人的委托，能够克服困难，但优柔寡断，面临危险情势紧张、恐惧。抑郁质的人成为艺术家的概率比较大，但万万别去当运动员，一些需要细心观察和感受的工作也很适合抑郁质的人，如护士、心理咨询员、幼儿教师等。

应该说，这4种气质类型并无好坏之分，在工作中各有利弊。身为女性，我们应该做到的就是认识到自身的优缺点，适当地扬长避短。

当然，气质虽然分为4种，生活中却很少简单地属于哪一种人，一般人都是好几种气质的混合，只是在这几种气质中，更倾向于其中的一种。因此，在选择职业上，也要根据自己的气质特点来选择合适的职业。

●●性感的女人风情万种●●

评论一位女性是否美丽，直观的标准，便是她是否有美貌和好身材。不过，一些审美能力较强的男士，他们对女人美的欣赏，除了容貌和身材，大都提到了性感。一位在事业上颇有成就、生活上也如鱼得水的男士就说："'小萝莉'们是可以用美丽、可爱等词汇来形容的，但是女性还是性感一点更有吸引力。女人的性感是一种撩动人情欲的感觉，让人失魂落魄一般。"

难怪资深婚恋专家苏岑女士说："一个女人被夸赞漂亮是寻常，一个女人被夸赞性感是荣誉。漂亮女人总是敌不过性感女人。"可见，性感是一个女人的特殊荣誉！

女人的性感之所以得到如此高的评价，实在是因为它能在无形中展现出风情万种，吸引异性。笔者观察过一些称得上性感的年轻女性，她们在人群中会很自信，因为她知道自己身上散发出来的都是迷人的气质，能轻易地激起人们强烈的爱慕、思恋、追求的欲念，令人欲罢不能。

俗话说："爱美之心，人皆有之。"每个女人都需要美，尤其是渴望寻求一种带有超凡魅力的女性美来展示自己最好的一面。而性感正是造物主赋予女人的最佳韵律，它与男人的阳刚之气形成鲜明的对比，构成一道亮丽的风景。男人对于性感的喜好，更多地源于对这种气质的偏爱，因为它就像嗅花之前的叹息，又似沐浴之中的迷雾，还像转身之后的袖风，抑或眼神之外的一瞥……如此风情万种的女人，男人怎能不疯狂、不惊叹、不汹涌澎湃、不心潮起伏呢？

所以说，性感这种别样的气质，是女人吸引男人、征服男人的有力武器。一个有着性感磁场的女人，其身价也会随之上涨，俘获优秀男士的心也就不是什么难事了。这样的女人在爱情中会占据主导地位，从而赢得自己期待的一切。

看到这儿，可不要以为性感就是搔首弄姿，穿着暴露。关于性感，中国首席名模姜培琳曾说过这样一句话："性感不是外观化、表面化的东西，更不是夏天穿着暴露一点就性感了。在我看来，性感往往是通过一些不经意的动作或表情透露出来的，性感的女人应该是优雅的、随意的和干净的。"

姜培琳的说法是正确的。性感的确是一种由女性的肢体和情绪的表达所散发出来的魅力。不是每个女人都可以美丽无敌，但我们却可以把自己塑造得性感，张扬自己的个性魅力。

京城著名健身教练艾米丽是公认的性感女人。不过，初识艾米丽的人，很少能发现这一点。她既没有高挑迷人的身材，也没有让男人们一见倾心的容貌，走在人群中很不显眼。据说，有一次，艾米丽去朋友开的健身房做代课老师，学员们刚见到她的时候都有些失望，特别是一些男学员，抱怨她怎么看都不像健身教练。但是，半个小时后，这些男学员们大都改变了先前的看法，一个个紧盯着艾米丽看。

其中的一位男学员低声嘀咕道："没看出来，这个老师运动起来挺性感的。"

另一个男同学也附和道："没错！你们看她的紧身背心浸着汗贴在身上，扭动的腰肢被汗水浸出凹凸有致的线条，凌乱的头发随意地落在脖颈间，脖子后边的汗珠顺着她拉伸的背部线条滑落，我觉得她全身都散发着诱惑的光芒。"

旁边的女学员们听到男学员对艾米丽的评价，非但没有嫉妒和不屑地表示反对，反而纷纷表示赞同，认为这个健身代课老师那充满激情的肢体语言，还有她专注而陶醉的神情，非常性感，让人着迷。

看来，知名教练艾米丽吸引别人的既不是美貌，也不是身材，而是性感。她并没有刻意地搔首弄姿，或者衣着暴露，而是用自己充满魅力的肢体语言展示给学员们她最性感的一面，让人看到了她那迷人的气质。

少女时代，我们会因为别人夸自己漂亮、可爱而高兴，而到了成年尤其是工作之后的阶段，当被别人夸奖性感的时候，我们的心里或许会更"美"。这是随着年龄的增长及各方面的修炼所体现出来的女性魅力所带来的心理变化。所以，在对一个年轻女性进行评价的时候，我比较崇尚综合考量，其中当然包括是否性感。其实，一个女人的身材、外貌、衣着、声音、气质、举止、性情、文化、修养、品位等都是构成性感的条件，而最高层次的性感，就是在此基础上从女人骨子里随意散发出来的那种"撩人于无形"的姿态，进而展现出无与伦比的魅力。

如此说来，性感是完全可以靠后天修炼得来的。那么，对于已经踏出校门、步入社会的女性来说，青春之美已经接近尾声，成熟之韵正款款走来，这个阶段的女人，到底怎样才算是性感呢？下面，我就告诉你几个修炼性感的要领。

1. 眼神

有神有韵，流盼生辉，足以让人想入非非，但若带一点点女人的矜持，不狂野，也不让人感到妖冶，这种读得出明媚却不滞涩，适度缠绵又不会使人腻恶的眼波便是性感的发源地了。

2. 举止

在各式身体语言中，不经意的自我触摸是最让人销魂的小动作。如不经意地咬手指、托腮、把头发潇洒地向后拨、双手轻轻地捧着脸庞、无奈时耸耸肩膀、交叉双手轻抚着肩头或后颈等都是些性感的小动作。曾主演过《海角惊魂》、《天生杀人狂》等多部电影的美国影星朱丽叶特·刘易斯就非常擅长这一点。有时间的话，大家可以在网络上搜索一下朱丽叶特的照片和电影，以便更直观地学习。

3. 服饰

服饰的材质不在高贵，而是要从和谐中透出精致、体面和高雅。或许远离时尚前沿，但也绝不与世俗为伍，不会一味浓妆艳抹、暴露身体，而是在与众不同的别具一格中追求品位、格调、含蓄和韵味。

4. 修养

修养最主要。性感需要修炼，它包括学识、人格文化等各方面的塑造。我对于性感本质的理解就是，不轻浮造作、不庸俗妖媚，张扬得有板有眼，敛放得当，自然把女人生命中美好的娇艳释放出来。这才是属于女人真正的性感。

知晓了性感之于女人的要义和如何让自己变得性感的要领，那么就赶紧修炼起来吧！说不定，下一个性感女王就是你哦！

●●控制情绪，别让怒火辜负了春花秋月●●

对于一个有魅力的女性来说，控制好自己的情绪、克制住自己的怒火是必备的素质。试想，一个总是情绪失控，动不动就发飙、歇斯底里的女人，又有什么优雅可言呢?

然而，现实生活中，总存在那么一些"冲动"的女性，她们会为某些细微的琐事而大发雷霆、火冒三丈。这种行为显然是不可取的，不仅会影响自身的心情和生活，而且会让自己的形象在他人心目中大打折扣。

作家刘燕君在《优雅的职业女性》一书中这样写道:歇斯底里，这是女人常见的一种极端负面情绪。面对痛苦的打击和不平时，女性往往会表现出一种歇斯底里的情绪，这也是女性基因中的一个特别之处。当其爆发时，怒气和怨恨像潮水一样涌出，那是一个接近世界末日的情绪，那种感觉有时候与死亡非常接近。

生活中，总会有这样那样的不如意，看不惯的人和事实在太多太多。被人误解，遭到诽谤，甚至暗地里被人算计也时有发生。如果我们不学会控制自己的情绪，而是动不动就发脾气，或者怀着报复心理以牙还牙，实在不是什么明智之举。

那么，我们应该怎样控制自己的情绪，克制自己的怒火? 这里，我们不妨试着采用以下几种控制情绪、克制怒火的方法。

1. 认识评定法

一个心智成熟健全的女人能够有效地控制自己的情绪，绝对不会轻易发怒，在她们看来，很少有事情会让她们暴跳如雷，而情绪失控、易怒的女性朋友则不然，她们动不动就会因为一些小事情而大发雷霆。所以，要想控制好情绪，克制住怒火，女性朋友们必须从提高自身对外界刺激的承受力以及客观认识外界的刺激入手：

一是回忆一下自己以往的行为以及发怒的原因，仔细想想自己为此发怒是否值得。在这个过程中，你会发现当初让你火冒三丈的事情其实根本不值得一提，甚至有时候自己完全是在无理取闹。如果你在发怒之前给自己几秒钟的冷静思考时间，想一想发怒的对象和原因是否值得你这样大动肝火，相信不久之后你情绪失控以及发怒的次数就会明显减少。

二是不要夸大事情的严重性。稍加留意，我们就会发现那些易发怒的女性朋友都极为敏感，连鸡毛蒜皮的小事情都会放在心上，别人不经意的一句话，都会耿耿于怀很久，总是把事情往坏的方面想，结果越想越生气，最终导致情绪失控。对此，建议易怒的女性朋友们在怒火中烧时，最好做个深呼吸，让自己默数几下，放松身心，并试着淡化事情的严重性，避免起正面冲突，当怒气有所消减时，再回过头去想想，到底有没有必要发怒。

2. 后果设想法

充分认识到发怒带来的不良后果。发怒不仅影响正常的人际交往，而且可能造成心血管机能的紊乱，引发心律不齐、冠心病、高血压等症状，严重时还可能导致脑血栓、高血压、心肌梗塞患者的猝死。所以，亲爱的女性朋友们，当你准备发怒时，不妨想想发怒对身心的巨大危害。

3. 能量转移法

怒气就像是一种能量，如果不及时进行控制，很有可能泛滥成灾；如果稍加控制，那么就会大大减弱它的破坏性；如果合理进行控制的话，甚至还会有所收获。

有个日本老板想出了一个奇招，专门在一个房间摆上几个以公司老板形象制作的橡皮人，心有怒气的员工可以随时进去对"橡皮老板"拳打脚踢，揍完之后，员工的怒气也消减了一大半。

就算你身边没有这样的"橡皮人"可以发泄，也可以出去参加一些刺激的运动，或者看一场电影，哪怕出去散散步也会起到消解怒气的作用。

另外，一个脾气暴躁的女人会经常发火，虽然她自己也知道这样不对，但是脾气一上来就控制不住自己，所以必须要找一个监督者。一旦有发怒的迹象，监督者就应该马上给予暗示或阻止。这个监督者最好让自己最亲近的人来担任。这种方法对那种下定决心制怒却又缺乏自控力的女性朋友来说最为有效。

4. 语言调节法

语言可以消减怒气，即使是无声的内部语言也能起到缓解的作用，如在自己的办公桌、卧室、客厅等经常活动的地方放一张写有"制怒"或者"忍"等字样的座右铭或艺术品，时刻提醒自己不要乱发脾气。著名的民族英雄林则徐就用这种方法，在书房墙上挂有"制怒"二字的条幅，不失为控制情绪、消解怒气的好办法。

5. 饮食调节法

饮食对情绪以及脾气的影响也不容小觑。要想有效地控制情绪、减少怒气，应少吃肉类，多摄取一些粗粮、蔬菜和水果，因为肉类使脑中色氨酸减少，大量的肉食会使人越来越烦躁。保持清淡饮食，可使心情比较平和。还要注意的是，气温超过 35℃时，大量汗液的排出会导致血液黏稠度升高，同样也会使人烦躁不安，多喝水可以稀释血液，让心情平静下来。

著名小品演员郭冬临曾在自己的一个小品中这样形容冲动："冲动是魔鬼，冲动是炸弹里的火药，冲动是一副手铐、一副脚镣，冲动是一颗吃不完的后悔药。"由此看来，冲动的"杀伤力"确实不容小看，相信想要修炼成为魅力女人的女性朋友也都不愿意跟这些"火药"、"手铐脚镣"、"后悔药"之类的玩意儿扯上关系。

第**2**章
好心态激发强劲"美力"

> 玫瑰，从含苞待放到凋零枯萎，安静从容、不慌张，这是一种淡定的姿态，女人也当如此爱自己：纷繁动乱中，守住清静，不慌不忙；枯燥无味时，忍于寂寞，不躁不乱。稳住一颗浮躁的心，留一份坦然与沉稳，生活就能从容，人生就能淡定，幸福就会到来。

●●美丽是一种态度，做个"乐活女人"●●

近几年，我们周围出现了一个经常被提及的新词汇——"乐活"。而追求"乐活"生活的一群人则被称为"乐活族"。"乐活族"是从西方传来的新兴生活形态族群，它的核心理念包括"健康、快乐、环保、可持续"，也就是说，它强调人的身心双重健康，既注意饮食和环保，又注重个人心灵的保健，通过衣食住行方方面面的实践，希望自己有活力。

在快节奏的当下，已有越来越多的美女们开始寻求这样一种生活方式。因为这是一种健康的、潇洒的、令人心生向往的生命状态。可能有些女性朋友对此并不感冒，她们觉得不就是过日子嘛，什么"乐活"不"乐活"，跟自己没关系。如果你也这么想，那么我们不得不说实在是太可惜了，因为有这样想法的女性，错过的不仅是一种生活方式，更是一种改变自己思想和行动的绝佳机会。

事实上，"乐活"是一种基于环保理念而出现的产物，它包含着深厚的文化内涵，即贴近生活本质，自然、健康、原生态的生活态度。再具体点说，乐活就是指在消费时会考虑自己和家人的健康，以及对地球生态环境的责任心。

身为现代女性，承担着来自家庭和事业的双重责任和压力，既要做个好妻子、好妈妈，又要做个好员工，其劳累辛苦是可想而知的。那些聪明的女性往往能够在家庭和事业之间游刃有余，她们在经营自己事业的时候，也认真经营自己的爱情和家庭。这样的女性不得不让人羡慕和敬佩。

她们是怎么做到的呢？不用去讨论是什么巧妙办法让她们达到如此美妙的境界，但有一点是可以肯定的，那就是她们懂得在日复一日的生活里，不断地去完善自己，同时保持平和的心态，乐观地面对生活和工作中的一切。这其实就是"乐活"的态度。

可以说，"乐活女人"身上就像有一个强效的磁场，散发着极强的感召力。因为她们有着这样的幸福宣言：活在现在，乐在今朝。这样的状态，是不是也足够让你羡慕呢？那么，怎么才能拥有这样的状态呢？接下来，我们就来看看成为"乐活女人"的几个秘诀吧！

1. 健康是基础，无健康不"乐活"

我们大概都看到过健康是"1"，其他都为"0"的比喻。其实，对于一个"乐活女人"而言，健康同样是至关重要的那个"1"。

正如同喝酒的人常言"杯里有乾坤"一样，品茶的人也同样深谙这一杯中哲学。唐朝诗人卢全吟道："一碗喉吻润，二碗破孤闷。三碗搜枯肠，四碗发轻汗，平生不平事，尽向毛孔散。五碗肌骨清，六碗通仙灵。七碗吃不得也，唯觉两腋习习清风生。"从这些文字中，不难读出一种隐藏于杯中的"乐活"之道：健康。

身为一个"乐活女人"，在关怀家人、享受生活的同时，更要懂得怎样让自己健康。她们不会刻意减肥，以让自己身体受损，而是尽量选择多种多样的食品和蔬菜，同时避免高盐、高油、高糖。另外，她们还会选择一两项适合自己的有氧运动，如慢跑、瑜伽等。有了饮食和运动做保障，健康的砝码自然就会重起来，这为"乐活女人"提供了最基本的物质保障。

2. 工作中不苛求，但会像对待朋友那样对待它

不可否认，如果仅仅为了工作而工作，肯定会让人备感乏味，甚至意志消沉。一个"乐活女人"通常是不会如此的，她们会尝试自己感兴趣的工作，哪怕是自己从未做过的事，不去担心能不能胜任，而是抱着重在参与的态度进行体验。她们会因为工作给自己带来的特殊经历和感悟而倍加珍惜这份感受，因此在工作中她们会把工作当成朋友一样对待。其实这样反过来会让她们在工作中投入更多的兴趣和激情，工作的效率自然就提高了。

3. 善于发现自己的天赋

每个人都有一定的潜能，只是有的被开发出来了，而有的没有被开发出

来罢了。比如，同样是晨练，有的人跑一圈下来气喘吁吁，而有的人则相当轻松，这就说明后者有一定的"运动天赋"。平时，美女们要多注意发掘自己的天赋，或许你擅长运动，或许你擅长绘画，又或许你擅长跳舞，那么不管你擅长什么，在时间和经济条件允许的情况下，尽量让自己投入其中，那样你会发现你拥有了更多的朋友，你的生活也因此增添了更多的光彩。

4. 保持阅读的习惯，让自己"腹有诗书气自华"

古人说"书中自有黄金屋，书中自有颜如玉"，书能带给我们的东西实在不少。所以，不要小看那一个个小小的汉字，一篇篇或长或短的文章，它都能够给我们以启迪，帮我们提升素养，为我们净化灵魂。

除了以上说到的这几点，或许还有其他方面的内容可以帮助美女们成为"乐活一族"，只要你善于发现、善于总结，那么你就能找到让自己"乐活"起来的好方法。当你将这些方法付诸实践，那么你很快会发现，每天的心情是那样的好，自己的身影是那样的轻盈，生活是那样的五彩斑斓。

如此的"乐活女性"，哪一个女人不心向往之呢？那么，就赶快行动吧！

●●相信每朵花都有盛开的理由●●

印度著名诗人泰戈尔曾在自己的诗篇中写过这样一句话："你知道，你爱惜，花儿努力地开。你不识，你不厌，花儿努力地开。"是的，就像雄鹰注定要在高空翱翔，鱼儿注定要在水里畅游，骏马注定要在旷野驰骋一样，花儿生来就是为了绚丽绽放，这是它们的使命。虽然艰辛短暂，虽然最终会凋谢，但相较于盛开时的美丽绚烂来说，这些便不值一提了。

　　试想，如果花儿因惧怕光明之前的艰辛孤独以及绚烂之后的枯萎凋零而拒绝或者停止盛开，这个世界将失去多少醉人的风景？

　　我们来到这个世界，就如同花儿一样，注定要经历人生的酸甜苦辣。在面对困难、挫折、打击的时候，你是像花儿一样，积极乐观地继续勇敢绽放，还是缩起身体，如花苞一样停滞不前呢？

　　海伦·凯勒是世界著名的盲聋女作家、教育家。她在一岁半的时候因患猩红热而失去了听力和视力，同时也丧失了说话的能力。身处黑暗孤单的无声世界，她并没有悲观失意、自暴自弃，而是用积极乐观的心态面对现实，并且在老师安妮·莎莉文的指导下，用乐观的精神和顽强的意志克服了身心的痛苦和煎熬而取得了成功。

　　海伦·凯勒热爱着这个世界的一切和自己的生活，并怀着极大的热情学习尽可能多的知识，在自己的努力和导师的帮助下，她竟奇迹般地学会了读书和说话，并且能够和他人进行沟通交流。最后，她以优异的成绩从美国哈佛大学拉德克里夫学院顺利毕业，成为世界上第一个完成大学教育的盲聋人。她学识渊博，精通英、德、法、希腊、拉丁 5 种语言、文字，还曾被美国《时代周刊》评选为 "20 世纪美国十大英雄偶像" 之一，被授予 "总统自由奖章"。

　　海伦·凯勒坚持写作，笔耕不辍，一生共写了 14 部著作。处女作《我的生活》一发表就在美国引起了轰动，被专家称为 "世界文学史上无与伦比的杰作"。她的代表作《假如给我三天光明》在全世界广为流传，文章以自己为原型，告诫世界上四肢健全的人们要珍爱生命，珍惜造物主赐予的一切，激励了一代又一代的年轻人。

　　在不断提高、完善自我的同时，海伦·凯勒还努力帮助、鼓励和自己有同样遭遇的人们。她走遍美国和世界各地，为盲人学校募集资金，在盲人福利和教育事业上倾尽了自己一生的心血。

著名作家马克·吐温曾说过这样一句话："19世纪有两个值得关注的人，一个是拿破仑，另一个就是海伦·凯勒。"

由此可见，拥有积极乐观的情绪对人的一生有着极其重要的影响。相较于那些陷在悲观消极的泥淖里不能自拔的人来说，有着积极乐观心态的人更容易看到事物的光明面。那么，如何做一个积极乐观的人呢？

1. 自我鼓励，让自己坦然面对挫折

借助某些生活哲理或者某些积极正面的思想来安慰并激励自己，从而让自己有勇气去面对困难和挫折，并与之进行斗争。有效掌握这种方法，能帮助你尽快摆脱痛苦、逆境。

2. 语言暗示，让自己相信"我能行"

语言对情绪有着不可忽视的影响，当你被消极悲观的情绪所控制时，可以采取言语暗示的方法来调整自己的不良情绪。比如朗诵励志的名言或故事；心里默默对自己说"不要悲观"、"你行的"、"悲观消极于事无补，甚至会使事情变得更糟糕"、"与其消极逃避，不如积极面对"等诸如此类的话；不断用言语对自己进行提醒、命令、暗示等。这种语言暗示法非常有利于情绪的好转。

3. 转移注意力，让自己振奋精神

当遇到痛苦、打击时，我们千万不要陷在悲观的泥淖里无法自拔。这个时候，不妨试着转移一下自己的注意力，看看调节情绪的影视作品（以励

志、温情剧为佳）或者读读积极、振奋人心的书籍（如名人传记、励志书等），在这样的过程中，你之前的消极情绪就会不知不觉转向积极、有意义的一面，心情也会随之豁然开朗。

4. 换个环境，让心情好起来

外在的环境对情绪有着重要的影响。光线明亮、舒适宜人的外在环境能够给人带来愉悦，而在阴暗狭窄、肮脏不堪的环境下，人们很容易产生不快、消极的情绪。所以，亲爱的朋友们，当你感到悲观失落时，不妨走出去散散心，享受一下大自然的美景，这样非常有利于身心。

亲爱的朋友，请仔细打量一下自己，看看你的天空是否总是布满阴霾？你的脸上是否挂满忧愁？你的生活是否总是遭遇"滑铁卢"？如果是，请你学着用积极乐观的心态去对待这一切，相信自己的生命依然可以像鲜艳的花儿一样绚烂绽放。

●●给嫉妒心点一首《吻别》●●

看过电影《七宗罪》的朋友们一定还记得，在影片结尾，杀手约翰因为嫉妒杀害了警察米尔斯的妻子，当然，约翰最终为自己的嫉妒付出了代价。

作为"七宗罪"里的一项罪行，嫉妒在罗素的《幸福之路·嫉妒篇》里，是这样被评价的："嫉妒，可以说是人类最普遍的、最根深蒂固的一种情感。"

然而，嫉妒并不仅存在于虚拟世界里，现实生活中，它也乐此不疲地在你我身边上演。

夏静和叶萍是同一天来公司报到的。两个人一起培训，一起吃饭，还被分配到了同一个部门。因此，在部门里，两个人最先熟识，也比较亲近。

在工作上，夏静和叶萍都表现得非常积极上进，出现什么问题，两个人也会相互帮助，共同解决。没过多久，两个人便在新人中脱颖而出，经常受到领导的表扬。

由于叶萍性格比较外向开朗，很快就和同事们打成了一片，大家有什么好东西也都喜欢和叶萍一起分享。在领导面前，叶萍也比较会说话、会来事儿，更得领导的赏识。夏静看到叶萍在部门很是出风头，心里特别不是滋味，有时候这种情绪还会表现出来，让叶萍觉得非常莫名其妙。

在年底的部门晋升中，叶萍由于表现突出被经理升职为部门主管，成为夏静的直接上司。对此，夏静愤愤不平：我和她一起来部门的，资历差不多，工作表现也差不多，凭什么得到晋升的是她不是我？看着叶萍有了自己的私人办公室，和自己的距离越拉越大，夏静妒火中烧，于是开始故意疏远叶萍，并在同事面前说叶萍的坏话，挑拨离间，还捏造事实，四处散播谣言说叶萍和经理有一腿。这样一传十、十传百，公司同事都在私下里议论叶萍和经理的事儿。部门同事们也对叶萍越来越冷淡，甚至还用鄙夷的眼神盯着她。

时间一长，叶萍实在忍受不了流言蜚语的打击，最终提出辞职申请。

由此看来，"办公室盛产嫉妒心"这句话一点也不假。身在职场中的你，是否也会时常在身边嗅到嫉妒的味道呢？尤其是在女同胞占多数的工作环境里，嫉妒心更是猖獗。

像夏静那样身患"职场嫉妒症"的人，总是看不得其他同事比自己出色，只要看见同事有超过自己之处，就想方设法地去贬低别人，严重的，甚至还处心积虑地设置陷阱去坑害对方。看到对方遭殃，心里就窃喜不已。

　　嫉妒心理是危险的，后果往往很严重，它就像一把锋利的匕首，最后不是插在别人的身上，就是刺进自己的心里。

　　莎士比亚说："你要留心妒忌啊！那是一个绿眼的妖魔！"可想而知，嫉妒的危害之大。它就像一条毒蛇，吞噬着嫉妒者的灵魂，让理智和良知一点点丧失，在咬伤别人的同时，自己往往已经深受其害。

　　难道我们愿意一直深陷在嫉妒的泥沼中无法自拔？难道我们愿意一直做嫉妒的奴隶，被它控制着意识？要想成为一名货真价实的"不锈女"，那就从现在开始行动，克服自己的嫉妒心理吧！

1. 正确认识嫉妒

　　我们对嫉妒要有一个正确的认识。嫉妒是对自己的否定，一个自信的人是不会嫉妒他人的。如果想取得成功，不仅要通过自己的努力奋斗，也要得到他人的帮助和支持。而嫉妒只会损人不利己。

2. 提高自身修养

　　善于嫉妒的人都是心胸狭隘的人，因此，姐妹们要不断地开阔自己的视野，与人为善，拥有豁达的胸襟。

3. 时刻保持冷静，客观地评价自己

　　当嫉妒心理萌发时，要提醒自己保持冷静，客观地分析自己，找到症结所在，从而积极主动地调整自己的意识和行为。

4. 要有一颗虚心学习的心

　　"三人行，必有我师焉。"任何人身上都有值得自己学习的地方，客观看

待别人的长处，怀着谦虚的态度向他人学习，这样才能化嫉妒为动力，不断提升自己。

5. 不要将自己"一棍子打死"，要看到自己的长处

聪明的姐妹要懂得扬长避短，而不是盲目地拿自己的短处与别人的长处进行比较。积极发挥自身的潜能，缩小与嫉妒对象的差距，这样，嫉妒心理也会随之减弱乃至消除。

6. 要学会换位思考

嫉妒不仅让嫉妒者饱受心灵的煎熬，还会给被嫉妒者带来许多麻烦和苦恼，将心比心，明白"己所不欲，勿施于人"的道理，就会收敛自己的嫉妒言行。

7. 化解嫉妒初始状态

当嫉妒心萌芽时，试着转移注意力。做一些自己感兴趣的事情，关注点转移了，嫉妒心理也会得到有效抑制。

8. 学会自我宣泄

找个合适的人将自己内心的想法大声说出来，或者借助业余爱好来排解，尽快将嫉妒心扼杀在摇篮里。

谚语有云：嫉妒犹如蟒蛇，能让人窒息。在笔者看来，嫉妒不但犹如蟒蛇，还像一条眼镜毒蛇，一点点"嫉妒"的毒液就能"杀死"一段历经多年风霜的友情，所以嫉妒绝对是得不偿失的。所以，让我们大家拔去那颗嫉妒的"毒牙"吧！否则当美女变成了"美女蛇"，既贬低了自己，又"涂炭"了"生灵"。

●●宠辱不惊，保持一份波澜不惊的淡定●●

一个人的魅力来自哪里？来自内心的淡定。那么，什么是淡定呢？淡定就是练就一种心如止水、波澜不惊的本领，无论遇到怎样的境遇，无论身处怎样的环境，让自己的身心始终处于一种宁静祥和的状态。人生不如意之事十有八九，唯有保持一份波澜不惊的淡定，才能给我们浮躁的心以最温柔的安抚，带领我们过上想要的生活。

看世间熙熙攘攘，女人总有太多的不甘心，太多的不满足，太多的诱惑……一些意志不够坚强的女人往往会产生郁闷、焦虑、激愤等情绪，心有滞碍，自然难以发挥出全部潜力。

试想，如果一个女人在生活中稍有挫折就歇斯底里，在工作中稍有不顺就半途而废，在婚姻上稍有摩擦就分道扬镳，每天匆匆忙忙，奔波不停，忙得分不清欢喜还是忧伤……如此，你能够感受到她的美吗？答案不言自明。

相反，若一个女人心里没有太多苛责与过于强烈的欲求，不过于纠结得失成败，也就能淡然笃定地掌控自己的生活，这也是个人内心的一种成功。这种人的魅力无疑是强大而稳定的，辐射出的能量也更有震撼力。

芭比娃娃的外貌、丝润的美肌、淡定的气质——这一切应该是描写著名女演员、歌手袁泉的关键词。很多人用"淡定"形容袁泉，演艺界有太多的急功近利、心烦气躁，她却始终羞涩安静，干净清爽，不温不火，依然是很多人心目中清纯玉女的代表。

袁泉是幸运的，在中央戏剧学院读大三的时候，她便凭借处女作《春天的狂想》荣获金鸡奖最佳女配角，之后又因《美丽的大脚》再获此奖。得奖后的袁泉非常淡定，并没有因此而改变自己内心的节奏，而是继续安安静静地读书，为了给自己的大学生活画上一个圆满的句号，她甚至放弃了许多拍片和赚钱的机会。

之后，同班同学章子怡、梅婷、秦海璐等一个个在影视圈里大红大紫，袁泉依然表现得极为淡定，没有急于拍片出名。"我的同龄人中有很多非常出色的演员，她们也是中国影视界的骄傲。在娱乐圈一直都会有取舍，生活中每个人每时每刻都在做取舍。"在取舍之间，袁泉毫不犹豫地放弃了大红大紫的机会，而是选择了她热爱的话剧舞台，在当年媒体爆出的同等知名度的影星中，她的片酬少到令很多人诧异。

正是因为秉承着这样一份波澜不惊的淡定，尽管在演艺界拼搏多年，但袁泉始终没有让名利磨去她身上那些单纯的东西，而是在淡定中慢慢积蓄力量，获得了无比强大的内心，而她生动的表演一次次令观众们为之惊叹，为之陶醉。后来，她又与林青霞一起被网民选为"半世纪来最有气质华人女明星"。

少了一份焦虑，多了一份豁达；少了一份浮躁，多了一份魅力；少了一份迷茫，多了一份幸福。淡定的女人，拥有一颗强大的心灵，有了这种气度，再没有姿色的女人也会有耐人咀嚼的韵味，也会有吸引人的魅力和抵达幸福彼岸的力量。

怎样才能保持一份波澜不惊的淡定呢？很简单，告诉自己即使事情不照自己的计划进行，地球也会照样转，生活也照样继续。这是必然会发生的，无论成败与得失，都是珍贵的礼物，是组成生活的要素。

笔者在为企业讲课时，认识了一位叫李倩的女员工，给笔者留下了少有的深刻印象。

李倩是一个活得非常淡定的女人，无论遇到多么糟糕的事情，孩子考试不及格、老公没本事、自己挨领导批评了，她每天都坚持快乐地生活。每天的晨跑、早上升起的太阳、凉爽的晨风，在她眼里都是快乐的。

有朋友问李倩："你为什么总是那么淡定，一整天都乐呵呵的?"

李倩轻轻一笑，回答道："事情已经这样了，着急、紧张、郁闷……有什么用处呢? 何况，孩子乖巧懂事，丈夫对我很好，我又没有下岗，为什么不快乐一点啊? 快乐是一天，不快乐也是一天，当然要快乐，我们要享受生活嘛!"

接受生活赐予自己的一切，珍惜自己已经得到的，不嫉妒别人的成就，不躁进，不过度，不强求，内心不被悲哀占据，个人魅力也在这种无声的淡然一笑中散播开去，人格魅力无形中就会给别人留下深刻的印象。

有句名言说得好："淡泊人生，生命难得恬淡，难得从容。得之淡然，失之坦然。"对于女人来说，患得患失会让自己失去应有的美丽，从容淡定才能为你的人生装点无尽的亮色。

当然，保持一份波澜不惊的淡定并非消极等待，更不是听从命运的摆布。它是凡事不刻意强求，是一种顺应天命、随遇而安的人生态度，自己该做的都做了，实在不行也没有办法，只要自己问心无愧就行。

"由来功名输勋烈，心中无私天地宽"，如果你想成为一位真正的美女，就要学着摒弃贪心，学着"无为、无争、不贪、知足"，不过分在意得失，不过分看重成败，做到得之不喜，失之不忧，不惊不惧，不忧不恼。

排除外界的干扰，清楚自己最想要的是什么，如此，宁静平和的心境自然就有了，也就能够做到收放自如，纵情挥洒；如此，你的美势必与众不同、万人难敌，生命也便具有了更多的意义。

淡定一点，看轻身外之物，掌握得与失、取与舍之间的平衡。

淡定一点，不苛求，也不虚荣，一切随缘。

淡定一点，既敢大胆去爱、去奋斗，也耐得住寂寞的等待……

●●善待自己，宠爱自己●●

不知道你有没有观察过，身边常常有一些姐妹每天忙得不可开交，偶尔坐下来聊聊天就会诉说一些快乐和不快乐的事。快乐的多是孩子如何乖巧听话、成绩优异之类的，或者老公如何能挣钱，又购置了房子、车子之类的。不快乐的则往往是自己把大好的青春都贡献给老公、孩子和整个家了，却没有善待自己，所以为此感到遗憾。

这样的话，我着实听过不少，有来自亲戚朋友的，也有来自学员的，还有来自读者的。

记得一位哲人说过：每个女人都有追求幸福和快乐的权利，而阻碍你走向幸福的敌人就是你自己。善待自己是征服这个"敌人"最好的方式。不可否认，很多女性朋友，特别是"善良"、"贤惠"的女性朋友都非常善于照顾别人、爱别人，但却常常忽视了爱自己。比如，她们习惯性地将好吃的点心留给孩子，将昂贵的保健品送给父母，将名牌睡衣送给丈夫，将最好的化妆品送给朋友……唯有对自己，她们格外吝啬，不舍得吃也不舍得穿，更不必说其他的享受了。在别人眼里，她们是"先人后己"的标准"好朋友"、"好女儿"、"好妈妈"，而内心的委屈只有她们自己知道。

如果她们一生都没有得到正确的人生启迪，那么可能一辈子都会这样走过来。直到年老回首往事时才突然发现，原来自己一辈子没有一天为自己好好活过，于是"不甘心"的念头油然而生，可此时，后悔已晚。

不过，在我们身边也有不少懂得善待自己的女性，她们不仅把自己的生活过得潇洒多姿，还把家庭打理得很好。她们从不会说："做女人真累!"她们会说："当一切改变的时候，我还有我自己!"

前几年，有位读者朋友给我发来电子邮件，诉说了她的心路历程。在邮件中，我读到了一个不懂得爱自己的女人学会善待自己的巨大转变。在这里，我想再分享一下这位读者朋友的经历。为了保护她的隐私，我给她起了个化名叫桃子。

自从和先生步入婚姻殿堂之后，桃子就不再像以前那样打扮自己了：一是因为忙于生活琐事，渐渐没那个心思了；二是因为买化妆品和漂亮的衣服也是一笔不小的开支，而现在不比以前，为了维持一家人的生活，桃子觉得那些没有必要的开支还是算了吧!

两年后，桃子偶然见到了自己的同学。同学说："桃子，你比以前看起来苍老多了，是生活得不开心吗?"

桃子说："可能是结了婚的原因吧! 人嘛! 总是要慢慢变老的。"

同学说："桃子，你不能这么说。不管是否结婚，女人都要爱自己，不能因为结婚就牺牲自己。"同学说着，将我发表过的一篇女人要爱自己的文章推荐给了桃子。

不过，桃子并没有太在意。她坦言，或许是太长时间没有想过自己了，所以就习惯性地不在意自己，也不试图去改变现状。

结婚以后，桃子想得更多的是自己的家。可是，她的一心守候并没有给自己带来幸福的生活，因为有一天，老公突然告诉她，他爱上了别人。

此时，桃子委屈极了。她觉得自己为这个家付出了太多，可为什么等待她的是这种结果呢? 桃子失眠了好几个晚上。她想到了那位同学说的话和同学推荐的那篇小文章。她看后，禁不住落泪了。也是从那时候开始，她决定不再牺牲自己了。

很快，桃子果断地和丈夫离了婚，不再试图挽回一个早已不爱自己的男人的心。她要做回以前那个潇洒的自己，不再为谁委屈自己。她开始买最好的化妆品来保养自己的皮肤，开始去逛很久都没有逛过的百货商场，在闲暇时间约自己的好朋友做做瑜伽或者看场电影。

桃子好久都没有这么身心舒畅过了。她觉得这才是生活，没有谁的牺牲，没有谁的维持，只有好好爱自己。

桃子告诉我说，她并没有因为离婚而不再相信感情，相反，现在的她正信心满满地面对着每一天的生活。

虽然当时的桃子还没有找到自己感情的落脚点，但是以她的状态，我相信她一定会有幸福的生活。

其实，女人只有爱自己，才更容易幸福。好在现在时代进步了，一些新时代的女性渐渐觉醒，她们意识到既然爱别人终有一天会让自己感到不幸福、不快乐，那为什么不去爱自己，让自己也体会一下爱的快乐呢？其实，每个女人都是自己生命中的主角，而不是丈夫、孩子、公婆生活中的奴隶，所以，女人得学会爱自己和珍惜自己，这样才不会让自己心有埋怨，乃至后悔。

记得我打算和先生结婚之前，我那知书达理的母亲就给我敲边鼓："作为女人，不要把'为丈夫牺牲'、'为孩子无限度地付出'当成自己引以为豪的高尚情怀，要明白学会爱自己才是务实的智慧。"我很庆幸有这样一位明智的母亲，也很希望能将我所学到的、悟到的东西分享给我亲爱的读者们。

首先，我们要把自己当成重要的人。不管你的丈夫如何强大，物质条件如何丰厚，你都不要让自己陷入"女人是弱者，是牺牲品，是男人的附属品"的误区，而应该用更多的时间来关心自己。这样，你就不会患得患失，不会因为别人对你的态度而紧张、惶恐，不会让自己为了讨好别人而低三下四，渴求着别人施舍给你幸福，赐予你快乐。

其次，不要对自己过于苛求。尽管自己不够完美，但我们仍要以一颗平常心来完全接受自己，并不断地完善和提高自己，如果连自己都不爱自己，那还有谁会爱你呢？这一点，在上一节专门讲过，在此不作赘述。

最后，我们要经常给自己一点或大或小的奖励。比如，每隔一段时间就要犒劳自己一下，为自己买份礼物，不管是心仪的化妆品还是品牌的服装，只要自己高兴就行了；或者去一个向往已久的地方度假；还可以找个环境优美的地方大餐一顿……这些奖励不仅能带给你好心情，更能让你感到生活的美好，唤起对生活的激情。

正值青春好年华的女性朋友们，正是即将或刚刚在工作中有所起步，在生活上建立感情、拥有家庭的时候，也是给人生中很多方面"定向"的时候。如果一开始，你就做对了，那么接下来的路将会好走许多。相信读完这本书之后，定会让你收获不小。所以，从现在开始，善待自己，宠爱自己，为迎接将来更好的自己、更好的人生而加油吧！

●●聪明女人，会微笑着向世界低头●●

当今世界，各行各业都有出色的女人，女人中诞生了政治家、企业家、优秀的明星、运动员等，甚至有女总统、女经理、女国王等元首，女人纷纷将成为女强人作为目标。

昂首挺胸，高高在上，让周围的所有人围绕于裙下应该是一件令女人最上瘾的事。但是,你一定要记住,要想赢得真挚的友谊,要想获得更多人的欣赏,你要学会微笑着向世界低头。

有一期《动物世界》说的是海滩上的蓝甲蟹,它分为两种:一种很凶猛,生性好斗,跟谁都敢开战;另一种则很温顺,遇上敌人便一味装死,一动不动。经过千百年的演变,强悍凶猛的蓝甲蟹在残杀中越来越少,濒临灭绝;而温顺的蓝甲蟹不但没有被残杀,反而繁衍昌盛,不断壮大。

自然界中这种"适者生存"的现象说明:凡事逞强好胜,以"毫不示弱"标榜自己的,往往碰得头破血流;而卑微、弱小的生命,并不等于无能,甚至还是一种优势,成为最后的赢家。

在竞争日益激烈的现实社会里,优胜劣汰、适者生存已成为一种常态。生活中的不如意、事业上的不得志、人际关系的不和谐,时时困扰着女人们。如何化解这些繁杂的困惑呢?要学会低头、善于低头。

我们知道,人本能地回避竞争,也不喜欢和让自己显得弱的人在一起,尤其是女人。如果你事事想压人一头,其锋芒必然会刺伤周围的人,让人唯恐避之不及,有时还会成为众矢之的,被群起攻之,容易被开出局。

阿雅是一家广告公司的策划,她年轻好胜,才华出众,精力充沛,领导交代的任务,每一次她都能出色地完成。阿雅很是骄傲,走到哪里都是一副趾高气扬的样子,尤其是部门讨论决策方案时,她总是处处一马当先,还极力强调自己的方案是最正确的,似乎什么事情都能独立担当。

阿雅本以为自己只要做好工作就可以了,但是麻烦接踵而至,先是有些老员工们讥讽阿雅:"这刚来几天啊!她就开始在公司耍大牌,当是在自己家里呀!真是不知天高地厚。"后来领导又找阿雅谈话,尽管语气很委婉,但阿雅心里还很不是滋味儿:"你还年轻,有了成绩不能骄傲啊!否则就会犯大错……"

人际关系异常脆弱，工作上的配合度越来越差，这让阿雅身心疲惫，但她知道自己绝不能就此消沉下去，积极摆脱当前困境才是当务之急。怎么办呢？阿雅开始有意识地收敛自己的锋芒，遇到问题主动地向同事们寻求帮助，当别人对她的决策提出异议时，她则会认真地点头，还不忘针对同事的某些优点真诚地给予赞美……

一来二去，阿雅给别人留下了虚心好学、平易近人、心胸宽广的印象，大家对她的态度也发生了变化，逐渐乐于接纳她，并给予更好的合作。为自己赢得一个适合发展的好人缘、好环境后，阿雅的工作能力得到了更加充分的发挥，再加上同事们的心服口服、一致好评，她不久便被老板提拔为部长。

由此可见，有些女人的人际关系紧张，得不到领导的器重，得不到同事的理解，在事业上很不顺畅，其实很多时候不是输在能力上，而是输在做人上，她们争强好胜，表现得过分强势，给周围的人带来了太大压力。

因此，何必要处处压人一头呢？适当地微笑着低头，给别人一个获胜的机会，可以赢得对方的好感和信赖，也就是给自己机会。正如法国一位哲学家曾经说过的："如果你想赢别人，你就必须让朋友超越你。"

张爱玲早就说过，善于低头的女人是最厉害的女人。女人不要羞于示弱，因为无论在工作上还是生活中，善于低头的女人，总是能够得到人们更多的喜爱和欣赏。不是有这样的诗句：最是那一低头的温柔，像一朵水莲花不胜凉风的娇羞嘛。

女人学会低头吧！适当地掩藏自己的实力，不但不会降低自己的身份，还能轻松化解对方的戒心，平和别人的嫉妒心理，赢得他人的好感和敬意，从而在强手如林的环境中为自己赢得一个适合发展的好人缘。

假如你的工作能力胜人一筹，不妨展示自己经验有限、知识能力不足等方面的弱点；假如你在工作的某个方面有绝对权威，不妨多说说自己失败的经历，听听他人的意见；你还可以多夸赞别人，甚至一句自嘲、一句自我批评……

女人的低头会显示出强大的力量，赢得的不仅是信任和支持，而且可以使自己更加完美。天空在你心里永远是蔚蓝的，你的征程将会风和日丽、晴空万里。这样的女人，才是生活中真正的强者。

不过，低头不代表无原则的退让，也不代表你认输，而是以非常理智的心态，站在公正的立场上，给自己留下一个思考和回旋的余地，让自己得以处在相对安全的境地，更坚定地站立和发展。如果失去底线，一味低头，则可能落入被轻视、鄙视的情境中，这也就违背了低头的初衷，我们不提倡。

●●放下一枝玫瑰，身后或许是一片花海●●

古语说得好："塞翁失马，焉知非福。"人在一生当中，需要学会承受，学会承担责任，学会放下一些东西。但很多人会犯这样的毛病：即使放下了，还总是念念不忘，烦恼地执着，留下心结，始终解不开。要知道，慢慢放下是很正常的，未必就是一件坏事。

在紧握玫瑰花的时候，有人明明已经被刺得流出了鲜血，还固执地不肯将花放下，殊不知，自己的身后就是一片花的海洋；有人在紧握拳头为某个职位争得头破血流的时候，还执着地死拼下去，殊不知，自己的远处就是一片青山……实际上，执着只会让我们增添更多的苦恼和忧愁，同时我们还会错过许多风景，因此，不如将固执和执着慢慢放下。

刘强是一名培训讲师，在某公司任职，有一次，他讲述了自己少年时代的一段经历：

在我上小学的时候，老师是一位民办教师，在那个时候，他的工资仅有几十元。为了让日子过得好一些，我的老师和师母在自留地里种了数十棵果树，在 5～10 月这段时间，可以说，老师家果园里各种果子都不断。可是，由于师母身体不好，所以每到摘果子的时候，老师总会带上我们去果园帮忙。

有一年，到了收获苹果的季节，老师和我们一起去摘苹果，当时收苹果的商贩正在一边等着，所以我的一个同学提议说："我们不如举行一个摘苹果竞赛，最后看谁摘的苹果最多。"

我们听后都表示赞同，老师说："那你们一人先包一棵树，到时候谁摘得最多奖励谁两个大苹果，其他人仅奖励一个，同时罚讲一则笑话。"

于是，我们都同意了，就这样迅速选定目标，开始忙着摘苹果。在开始的时候，我们在苹果树的低处摘，很快我就落后了，因为我身材比较矮小，所以摘不到高处的苹果。但我转念一想，尽管我长得矮，但是我比他们灵活呀！就这样，我很快爬上了树，确实比其他同学摘得多了。

正当我往更高处爬的时候，"咔嚓"一声，我被重重地摔到地上，幸运的是，我没有受伤。此时，老师和其他同学都围拢过来，问我摔伤没有。我说："没有关系，我要继续向上爬，争取得第一名！"说完又要往树上爬，然而老师却坚决反对我这样做，对大家说："高处的苹果大家不用急着摘，只要摘够得到的就行了。"

在讲完自己小时候的经历后，刘强总结道："在很多年以后，每当我理想快要破灭的时候，我经常会想起老师的那句话，只有去珍惜、去获取那些够得着的'苹果'，暂时放下高处的"苹果"，我们的生活才不会令人失望。再说，摘不到的"苹果"并不说明我们一生都不会拥有它们啊！"

是啊！当我们还不具备摘高处"苹果"的能力时，不妨先慢慢放下，尽管我们现在就想得到它，但是在条件不具备的情况下，我们必须暂时放弃，否则像刘强那样只想尽快得到高处的苹果，却让自己很快摔倒在地。

在现实生活中，有不少人为了获得成功，即使付出再多代价也在所不惜。但是，不可否认的一点是，成功并不具有普遍性的特点，比如，一个人想成为乔布斯的想法是好的，但是，并不等于自己就真的能成为乔布斯。

在很多时候，人们总是习惯放大自己的欲望。尤其是在如今这个年代，面对满树的"红苹果"，谁不跃跃欲试想将所有"苹果"收入囊中？但是客观条件决定了我们需要先摘够得着的"苹果"。

在素有"世界第一交响乐团"之称的德国柏林爱乐乐团，每个指挥家都期望自己能够成为这个乐团的首席指挥。1992年，当柏林爱乐乐团邀请英国著名指挥家西蒙·拉特尔担任乐团首席指挥时，令大家感到意外的是，拉特尔竟然拒绝了此次邀请。他说："由于柏林爱乐乐团以演奏古典音乐而闻名世界，而我对这方面了解甚浅，我担任首席指挥，也许不能将其引领到一个新台阶，相反还会起到消极的作用。虽然这个机会来得非常好，但是，我无力把握住，所以还是放弃更好。"

西蒙·拉特尔谢绝邀请后，整整十几年不懈地努力，直到他透彻地理解了古典音乐。到了2002年，柏林爱乐乐团又一次邀请西蒙·拉特尔担任首席指挥，此次，西蒙·拉特尔果断地接受了邀请。因为，他内心明白，自己此时已经具备了担任首席指挥的实力。后来因西蒙·拉特尔的加盟，柏林爱乐乐团创造了许多奇迹。

实际上，西蒙·拉特尔第一次放弃担任首席指挥不仅是一种务实态度，而且也是一个明智的选择，他的放弃告诉我们这样一个哲理：先放下并非坏事，实际上这是为了更好地得到，因为我们每个人都是如此，只有暂时放弃，才能更好地超越自己，给自己更好的激励，让自己获得更多的学习和完善机会，从而使自己获得最终的成功。

我们要通过务实的方式去追求事物的本质，等自己真正"长高了"的时候，我们自然就可以摘到高处的"苹果"，从而获得更多。总之，先放下，不一定真的就是坏事！

●●不要做现代版的"玛蒂尔德"●●

如果说爱美是女人的天性，那么虚荣便是女人的专利。虚荣对于女人而言，就像面子对于男人一样，是人生中最重要的东西。女人都喜欢炫耀自己的社会地位和财富；喜欢用脂粉之类的东西来美化自己的容貌，掩盖自己的年龄；喜欢用时尚的衣服和饰物来包装自己，引起别人的关注；喜欢男人们不带恶意的欣赏目光……她们天生就是"唯美"主义者，爱美是造物主赐予她们的礼物。

其实，虚荣心是一种被扭曲了的自尊心，和其他情绪一样，虚荣心的产生也取决于人的需要。有时，虚荣心也会因每个人的气质、性格、理想的不同而出现差异。一般而言，虚荣心越强的人越需要别人赞美，在被赞美时就会得到越强的满足感。女人的虚荣心比男人要强，所以即使是已过不惑之年的女人，还是特别喜欢听别人说她年轻、漂亮等。

有时候，适当的虚荣并没有什么不好，它可以起到刺激的作用，可是，如果只是为了满足自己的虚荣心，而使自己陷入麻烦，就有些得不偿失了。莫泊桑在《项链》里，就塑造了这样一个女人，爱慕虚荣的玛蒂尔德小姐用了十年的时间为自己的虚荣买单。

教育部书记路瓦栽先生的妻子玛蒂尔德是个十分漂亮的女子，她对自己的生活很不满意，爱慕虚荣的她，一心向往着高雅而又奢华的生活，但并不富裕的家境注定了那一切只能是她的一个梦。

一心希望妻子开心的路瓦栽先生，费心弄来了教育部长夫妇家庭晚会的请柬。为了出席晚会，爱慕虚荣的玛蒂尔德花了400法郎做了一身新衣服，还向最好的朋友佛来思节夫人借了一条钻石项链。

在这场晚会上，带着钻石项链的玛蒂尔德获得了惊人的成功，她比在场的所有女宾都更加漂亮、高雅、迷人，几乎每位男士都向她邀舞，美丽的她整晚都是别人瞩目的焦点。然而，晚会结束后不久，玛蒂尔德就发现脖子上的项链不见了。她和路瓦栽手忙脚乱地到处寻找，长衣裙的褶里、大衣的褶里、所有的口袋，所有可能的地方都找了个遍，可是依旧没有找到她借来的钻石项链。为此，玛蒂尔德付出了巨大的代价，为了偿还购买项链的债务，她们夫妻俩含辛茹苦地劳作了整整10年，玛蒂尔德也从美丽的少妇逐渐变成了一个粗壮耐劳的妇女。当她再次遇到佛来思节夫人时，相识多年的老朋友竟然都没能认出她来。

一场华丽的舞会，一条精美的项链，就这样浪费了玛蒂尔德10年的青春。这也算是她为自己的虚荣付出的代价。

几乎所有人都读过这篇文章，但是仍旧有很多人不理解其中的意义。其实，虚荣心绝大部分是因为"匮乏"——无法获得想要得到的东西，导致了女人的不自信，不自信使得女人内心充满了不安全感，而这种不安，只有靠抓住一些实质的东西，或者引起别人的注意才能逐渐缓解。

炫耀是女性的自卫本能，这样做原本是无可厚非的，然而，如果不能从根本上强化自己的信心，每天只是庸俗、虚浮地度过，那么依旧于事无补。要知道，有时候女人的虚荣会让男人退避三舍。

不管是在工作上还是在事业上，对于女人而言，现代男人已经越来越没有优势了，在战战兢兢地和女人相处之余，如果还时时都感受着女人张牙舞爪的虚荣心，对于情感、婚姻经营肯定会造成不良的影响，很有可能男人自己就先打退堂鼓了，相信这绝不是想和男人一起变老的女人所期望的。

女人的虚荣心对于男人而言并不是无足轻重的，有时候，带着点小虚荣的女人会使人觉得可爱，但是，在大多数时候，女人的虚荣都会使男人抓狂。想要成为一个完美的女人，如何克服你的虚荣心，是个必须要注意的问题！比如，下面这些思想和做法都是应该努力避免的：不要一味地追寻品牌，要知道，不是名牌才替你"长面子"；不要因为所谓的"面子"而不停地跳槽；别为了自己的面子，使所有家庭成员为此疲惫不堪；不要为了证明自己比周围人更聪明而无休止地考取各种学历和认证；不要把自己说成是某个名人或者贵族的后代，并为此做出许多可笑的举动；不要认为每个见过你的男人都会爱上你，别以为全天下的男人都非你不娶；别认为外国的月亮比较圆；别为冒充高收入阶层，而频繁地出入高级会所；不要认为自己是流行的代言人……

●●健康是最大的财富●●

曾有一部电影台词这样说道："21 世纪什么最贵？人才！"但我们现在的回答应该是"健康"！身体的健康在任何时候都弥足珍贵。

如今的年轻人，生活在一个健康容易受损的时代。生活的快节奏、竞争的激烈、工作的压力、环境的恶化、饮食的不规律、作息的黑白颠倒……都在时刻威胁着我们的健康。加之我国医疗保障尚不够完善，"看病难、看不起病"的情况不同程度地存在，高昂的医药费绝对会让你目瞪口呆。

我们整日忙碌，铆足了劲研究怎么赚钱、花钱、省钱，学习怎么投资理财，却很少想到其实健康才是最大的财富，它也需要投资规划。

有句话这样说道："女人，就该对自己好一点。"女人更要学会爱惜自己的身体，因为只有健康才能绽放美丽。那么我们到底该怎么为健康投资呢？让我们先来看一个例子。

今年26岁的杨雪是个内向的女孩子，在一家广告公司做平面设计，业余爱好就是宅在家里看电影和画画。工作忙起来的时候通宵达旦，闲下来又常看电影到凌晨。毕业至今2年多，疲于工作的她养成了许多不良的生活习惯。比如：不吃早餐，咖啡成瘾，夜猫子，每天12点以后才会睡觉，吃饭不规律，忽而胡吃海塞乱吃一通，忽而又一整天都不吃饭等。渐渐地，杨雪感觉到身体有些吃不消了，眼圈黑得都可以不用画眼影了，便秘成了习惯，皮肤变得粗糙暗黄，时常感到头晕乏力，每次经期都疼得死去活来，有一次竟然还疼晕了过去，到医院打了几瓶点滴，拿了几盒药，花掉了500元钱。最可气的是，体重竟然一路飙升到了130斤。

痛定思痛后，杨雪决定改一改自己的生活习惯，再这样下去自己的身体可就真要彻底透支了。于是，经过规划，她为自己做出了这样的调整：买一双舒适的运动鞋，每天下班后，在小区慢跑半小时；饮食上则改为"多吃蔬菜，多吃水果，再忙也要吃早餐"，保证冰箱里的水果和蔬菜不断，早餐要吃得丰富又营养；没事多和朋友到郊外玩一玩，或是到电影院看场电影。买几本心灵励志书和瑜伽光碟，每天抽时间跟着练一练；尽量11点之前睡觉；等等。

杨雪按着调整计划坚持了一个月后，虽然比原来多花了些钱，但这一切都是值得的，因为她已经明显感到了身体状况的好转。饮食有了规律，再加上每天运动，便秘消失了，脸色红润了，体重也降了下来，心情也明显比以前舒畅了许多。

朋友看到她的改变之后大为震惊，纷纷追问她原因，她这样感叹道："我只不过是为自己的健康投了一点点资。你们认真想想，咱们现在都是二十几岁，正是讨生活、奔事业的时候，身体和心理都承受着巨大的压力，很疲惫吧？欲望、压力是不是常常压得你喘不过气来？时不时还要为感情而痛苦。社会的激烈竞争驱赶着我们不断地透支年轻的身体。也正是因为年轻，身体承受力强，所以很多健康问题往往会被我们忽略。我们每天疲于奔命，工资拿到手后最先想到的是添置新衣，享受美食，添置家用。似乎从来就没有认真为自己的健康做过一次投资。我们应该觉醒，不要再如此肆意挥霍我们的健康。尤其是我们女人，如果再不懂得为自己的健康着想，到时变成个体弱多病的黄脸婆，用再多的钱也买不回曾经的健康和美丽。"

朋友们听后，纷纷表示赞同，也要效仿杨雪，为自己的健康好好做一次投资。

由此我们可以看出，现代的年轻人身上普遍存在着以下健康危机：一是不良生活习惯。熬夜，不吃早餐，饮食不规律，喜欢喝刺激性饮品，比如咖啡、可乐等。二是生理期综合征。月经不调、痛经，月经前期和期间总是情绪焦躁、胸部肿胀、头晕乏力。三是胃痛、便秘、情绪焦虑。

如果你也有以上症状，那你可要提高警惕了。你的身体已经在向你提出警告。虽然青春难免存在压力，但今天的疏忽却在透支明天的健康。你应该做的是改变观念，开始为自己的健康投资。不要以压力大或是其他理由来借口逃避，再美好的明天，如果没有健康的身体，再怎么看也看不出美好来。

所以，给你几个健康投资建议：买几本健康饮食方面的书，了解什么才是健康的饮食；买两双舒适的运动鞋，再买两套宽松的运动服，准备好运动吧；买几本心理调节类的书或找心理医生聊一聊，把心中的压力和坏情绪通通释放掉；定期到医院做体检；保持生活的干净整洁；把抽烟、喝酒、泡吧的钱用来买水果和蔬菜。其实这些建议不仅适用于 20 几岁的年轻女性，所有的女性都应该如此。

无论你年龄大小，投资健康就像是在投资绩优股，只有赚的，没有赔的。每天关爱自己一点，一个苹果、一杯豆浆、一双运动鞋、一本保健书……都是在为你的健康投资，为你储备幸福的能量。

第 **3** 章

个性品格为美丽"护航"

著名的哲学家泰戈尔说过这样一句话："生活并不是一条人工开凿的运河，不能把河水限制在一些规定好的河道内。"是啊！任何人的生活都不该受到一些没必要的限制和束缚，生活本身是可以自由选择的。因为，你就是你，独一无二的你！

●●快乐是"美丽使者"●●

有的时候，生命极其脆弱，所以我们每个人都不要背负太多的痛苦与悲伤，而是应该活得豁达一些、乐观一些，只有这样，才能在生活和工作中游刃有余，活得轻松快乐。在现实中，人们很多时候都会忘记"人只能活一次"这一常识，既然我们只能活一次，就应该轻松一点，给生活一张充满愉悦的脸，切勿让自己坠入"累"的泥沼。

如果留意一下，我们听到的、感受到的，大多是一些对自身状况的不满之声，比如："没能考上博士，找起工作来选择余地也更小了"、"父母都是普通职工，根本不可能为自己创造优越的条件"、"现在房价、车价都这么高，养房、养车真是压力超大啊!"……可以说，类似的感叹不绝于耳，人们似乎都在为自己没有拥有的东西而发愁。也因此，很多人活得很不快乐。

于是，很多人提出对生命的拷问：难道我们是为了受罪而来到这个世界上的吗？

持有这种想法的人，实际上没有参透生命的真谛，归根结底还是因为没有一颗感恩生命的心。著名史学家、北京大学历史系教授周一良说过这样一句话："并非每个人都要过得荡气回肠，并非每个人的每件事都会如人所愿，在经历了人生的坎坷之后，你还能够平凡地生活，这也未尝不是一种幸福。"

其实，我们每个人都要知道自己实际上有多大的能量，有多大的才能。在平淡的时刻，我们可以对辉煌有所向往；而在辉煌的时候，我们也应该清楚地看到"楼外有楼"。如果以这样的心态去生活和拼搏，我们自然就少了浮躁，少了负累，多了轻松。

有的时候，我们尽管没有创造什么辉煌，但我们却享受到了那份追求梦想的快乐。人的一生是不能载着太多烦恼和忧愁上路的，只有内心坦然、轻松，才能无往而不乐。总而言之，平常做人，平常做事，轻轻松松，不再负累，这样一来，我们就能保持心理上的平衡，能够保持平静的心态，从而阳光地度过每一天、每一分、每一秒。

我们如何才能时常感到快乐、轻松，不觉得负累呢？

1. 转换思维法

人的一生不可能一帆风顺，快乐与否主要由你的思维决定。比如，你在地铁上被人不小心撞了一下，虽然撞你的人马上道歉了，可是你仍然会觉得疼，这时候你就算没有火冒三丈，心里也会很窝火，感觉不快乐。如果此时换一种思维——撞你的人并非故意，事后也真诚道歉了——即选择原谅的话，也许会换来对方的感动，说不定对方被你的豁达所感动从而成为你的朋友，这也算是一种缘分。

2. 视线转移法

一旦遇到了不开心的事情，可以选择一个安静的地方，坐下来或躺下来，全身心地释放自己；或者想一些美好的事情；或者活动一下身体的关节和肌肉，通过放松肌肉从而舒缓身心；或者慢慢地深呼吸，同时默念"放松"二字；或者邀朋友一起做自己喜爱的事情。

要知道，在我们的人生中，并非只有目标和理想，也不光有事业和成功，我们生活中的每一天，我们生命旅程的每一步，都有值得驻足观望的"风景"。所以，请放松你的心情，放慢你的脚步，让快乐做你的美丽使者。带上它，去认真体味那些因为忙碌而错过的和可能错过的风景，相信它不会让你失望的！

●●活成一棵树，你不是男人的附庸●●

诗人舒婷说："我如果爱你，绝不像攀援的凌霄花，借你的高枝炫耀自己……我必须是你近旁的一株木棉，作为树的形象和你站在一起。根，紧握在地下；叶，相触在云里……我们分担寒潮、风雷、霹雳；我们共享雾霭、流岚、虹霓。仿佛永远分离，却又终身相依，这才是伟大的爱情。"

"作为树的形象和对方站在一起"，不得不说，这种独立而不依附的姿态是令人欣赏的，也是每个新时代的女性所应该具备的。

但是，有一些女性朋友尚认识不到这一点。她们习惯性地把爱情当成生活的全部，把一个男人当作自己的整个世界，无条件地依赖男人，一副小鸟依人的样子。

真替她们感到不幸！女人不应有这么强的依附心理，而应该让自己独立起来。至少也成为一棵"木棉树"，让自己拥有独立的姿态！

要知道，如果你习惯了依附男人，就会陷入一种"男人给你幸福，你就幸福了；男人不给你幸福，你就不幸福"的被动状态。长此下去，即使你再漂亮，你的美在男人那里也会变得微弱，甚至消失殆尽。一个这样的女子，如何能够在爱情中占据有利地位，又怎能让男人心甘情愿地留在身边呢？原本再美的爱情也逃不过一拍两散的结局。

看看琳达的生活就知道了。

读书的时候，琳达是个长相清纯，多才多艺的漂亮女孩，从中学到大学，追她的男生不下 20 位。

这样一个"女神"级的人物最终选择了一位在某大型企业担任部门领导的男人。结婚之后，琳达把全部的希望都寄托在丈夫身上，自己养尊处优地在家里做起了全职太太。

但神仙眷侣般的生活没过几年，琳达的丈夫就在一次大吵后提出了离婚。拿着丈夫起草好的离婚协议书，琳达伤心不已，眼泪扑簌扑簌地直落下来。她不无幽怨地哭诉着："当初他费尽心机地追求我，我看他为人踏实，又很有才能，就答应嫁给他了。万万没有想到，他现在竟然和本企业的一个女部门经理交往，居然说要跟我离婚，所有明眼人都看得出来那个女人没有我好看，我真不知道他是怎么想的……"。

琳达的遭遇虽然值得同情，但并不让人感到奇怪。因为琳达婚后的选择很容易酿成她现在的悲剧。真是一声叹息！

看到了吧？一个长期依附丈夫的女人，最终落得的竟是这样的下场。生活中，像琳达这样太过依附男人的女人，难免会显得唯唯诺诺，即使她们楚楚动人、娇弱可爱，但是始终不及独立的女性显得洒脱和优雅。面对这样的女人，男人会在心理上产生一种优势，你离不开他，慢慢地他的态度也不会像当初那样好了。

所以，有琳达这样想法和经历的姐妹们，一定要清楚，只有当女人和男人站在同一个水平线上，女人才能具有充满魅力、震慑人心的力量，也才能够获得一个男人真诚的爱，赢得他的尊敬。就像一位有着幸福婚姻和职业成就的女士所言："女人唯有真正地独立起来才能正视挫折，而女人也应该相信自己的能力，没有什么是做不好的，不是没了男人就没法活。这样的女人，活得洒脱自由，比起那些'楚楚可怜'的小女人，反而更能得到男人的青睐。"

说到底，几乎所有男人都欣赏独立的女人，他们都渴望自己的妻子能有独立的思想与观念，成为一个与时俱进的知己。

生活中，这样的女性也并不鲜见。这些女性也有一个共同点，那就是她们很清楚一个道理：无论旁边有一个多么值得依靠的人，她们都坚持自己独立的人格，她们会让男人清楚地知道，她们不只是男人的爱人，她们更是自己。凯米就是这样一位女性。

之前，凯米在一家法国公司做财务工作，凭着她的注册会计师资格证及很强的工作能力，不到30岁的她就已经是年薪四五十万元的财务经理了。

读大学的时候，凯米是班里很不起眼的一名同学。就在班上的女同学们心怀"钓金龟婿"的愿望时，她却热衷于穿梭在图书馆、健身房等场合。大学毕业后，凯米开始并不顺利，自己住在狭小的出租房里，穿行于熙熙攘攘、竞争激烈的人才市场，日子很是艰辛。

当时周围有同学和朋友们这样劝说凯米："干得好不如嫁得好"、"大树底下好乘凉，你找一个有钱、有能力的男朋友不就可以了，干吗这样委屈自己?"。听了这样的话，凯米只是淡淡地笑一笑，然后坚定地告诉自己：我要靠自己，我要做独立的女人!

靠着这股精神头和不断的努力，5个月后，凯米终于如愿地找到了一份出纳的工作。后来，凭借出色的工作能力，仅仅3年的时间，凯米便当上了公司财务部门的主管。就在这时候，月老也光顾了这位独立的姑娘，为她"送"来了一个优秀的男人。

交往了一段时间后，凯米和男友都感到对方是自己一直寻找的那个人。很快，他们便步入了婚姻的殿堂。婚后，凯米依然奔波在职场，她的丈夫也尊重她的意愿。后来，凯米升任为公司的财务经理。直到凯米怀了宝宝，她才暂时回归家庭。等孩子上幼儿园后，凯米重新投入了职场。

凯米说过的一句话让人印象非常深刻，她说："我一直都坚信，女人精彩的生活不是男人给的，而必须靠自己的努力争取。"

没错，女人只能靠自己给予自己幸福。如果把获得幸福的可能寄托在他人身上，那么到头来会落得很惨的下场。

那么，女性朋友如何在爱情中活成"一棵树"呢?

1. 要有自尊

自尊不是别人给予的，是通过自己的努力争取而来的。要知道，真正的爱情应该是彼此尊重、彼此独立和自由的。任何一个有着正常婚恋观的男人和女人，都不会因为相互需要，而是因为相互欣赏、相互支持才走到一起的。爱情不是为了禁锢对方，而是为了帮助对方在独立和自由中得到更有生命力的成长。这样的爱情才是持久的，这样的婚姻才是稳固的，这样的关系才是最美好的。

2. 要独立

爱情中的女人除了要有独立的人格，同时也要有独立的经济基础。所以，以前你能认识到这一点更好，如果没有认识到，现在获得这样的认识也还不算晚。你必须告诉自己，要想在情场上获得主动权，要想打造出自己美丽的人生，永远都不要泯灭自己的独立性，而应站成一棵树，与男人站在同一个水平线上。试问，当你拥有属于自己的一片天空时，你还害怕这片天空没有白云吗？

●●天行健，"女子" 以自强不息●●

《周易》中说："天行健，君子以自强不息。"其意思是：君子处事，应自我力求进步，刚毅坚韧，发愤图强。放在现代社会，那些追求独立、需要成长的女性们，同样需要自强不息。

大诗人莎士比亚曾写过这样一句台词："其实真正该责备的并非宿命，而是我们自己，是我们自己决定了我们只会是微不足道的人。"

生活中经常听到女性说这样一些话，比如，"我能怎么样呀"、"唉！我能做的就这些了"……每当听到这样的声音，我都不由得感到悲凉，心里不禁为这些女性朋友惋惜：你为何不自信一些呢？为何不向自己发起挑战，突破自己固有的想法呢？

可是，我又不能每次听到这样的声音，就对人家说出我的观点，那样人家会以为我是疯子。所以，我只能对那些关系好一些的、有求助意愿的朋友进行一些引导。

我希望她们知道，一个二十几岁的年轻女性，尚处在最宝贵的时期，若再不敢向自己挑战的话，那么只能碌碌无为过一生了。因为一个人若没有自强不息的精神，无异于故步自封，其意识和能力便在这种局面下被束缚了。

人生好比一个舞台，每个人都是这个舞台上的一分子。目标将决定每个人所占的舞台大小。如果现在的你对自己的能力不够自信、缺乏足够的意志力的话，恐怕几年之后就被那些自强不息的女性甩好几条街了。

所以，我奉劝每一个女性朋友，不妨将自己人生的目标定得高远些。设定好目标后，就全力以赴去实现这一目标，不断地挑战自己。如果最终因为种种原因没能实现，那么至少也会比目标定得太低的人高出许多。这同样也是收获啊！

事实上，一个真正优秀的女人是不会轻易自卑的，更不会满足现状。她们会通过自身的努力，一点点地在职场打拼，为生活奔波。这是一种顽强不屈的力量，她们也将因此越来越完美、越来越闪亮！

在一本女性刊物上，我曾读到过一位了不起的女性的故事。现在，我把这个故事叙述给各位：

起初，自考专科毕业的她不过是 IBM 公司的"行政专员"，这种工作什么都得干，与打杂无异。她不但要负责打扫办公室，而且还要负责给人端茶倒水，几乎没有人注意她。

有一次，因为她忘了带工作证，公司的保安把她挡在门外，不让她进去。她声称自己的确是公司的员工，是因为要给公司买办公用品走得匆忙，把工作证丢在办公室了，但不管她怎么说，保安都不理会。

她委屈地站在公司门口，却惊异地看到一些与自己年龄相仿、穿着职业装的白领们进入公司的大门，她们是那么随意，有的也没有佩戴工作证，而保安却不闻不问。她便问保安："刚刚进去的那几个人也没有带工作证，你为什么让她们进去？"保安却说："你赶紧走，就是不让你进，你和人家不一样！"

她感觉自己的自尊心被人当众踩在脚下。她看着自己寒酸的衣装、老土的打扮，再看看那些衣着整洁、气质不凡的白领们，她在心里发誓：我要努力缩小与这些人的差距。今天我以 IBM 为荣，我要通过自己的努力，让 IBM 也以我为荣！

从此以后，她利用所有的闲暇时间充实自己。由于什么都要从头学起，她每天都是第一个来公司，最后一个离开，还常常熬夜到凌晨两三点，很快她成为了一名业务代表。而后通过几年的认真学习和实践锻炼，她的工作能力越来越突出，被任命为 IBM 公司的中国区总经理，被人誉为"打工皇后"。她就是吴士宏。

吴士宏虽然学历低、经验少，但她却懂得挑战自己，努力克服自身的弱项，弥补自己的不足，从而通过一点点的努力慢慢地向目标靠拢，最终改变了命运，成为了众人尊敬和欣赏的女性。真是位了不起的女性！

如何在现代社会成为一位自强不息的魅力女性呢？

1. 要有积极进取的心态

著名作家冯唐曾经说过："说到底，女人还是要自强，只有自己穿暖和才是真的暖。"林妹妹的病态美在现代社会已经不合时宜了，现代社会赋予了男女同样的权利，女性的社会地位不断提高，只要自己不断进取，一定能获得自己想要的生活。

2. 自强才能赢得自尊

自强的人不甘示弱，自强的人不甘平庸，自强的女人在拼搏的路上散发着无穷的魅力。虽然追寻梦想的路上要付出艰辛，却更能收获别人的尊重。

我想告诉大家的是，你要知道，在这个平等的社会中，没有人生来就拥有一切，也没有人注定不能拥有一切。关键是你是否有不断挑战自己的信心，能否不断展现一个全新的自己，迈向一个更好的自己。

为了更好的自己，努力吧！

●●不必害怕黎明前的黑暗●●

如果你有失眠的习惯，那么应该熟悉黎明到来之前那种深不见底的黑暗。那一刻，人的心情也容易受环境的影响而低落，于是更加辗转难眠，更加渴望早点天亮，或者赶快进入梦乡。

这是具象的黎明和黎明前的黑暗。人们更愿意用这种自然的现象来比喻人生的境遇，二者的确比较贴切。

生活于世，每个人的人生都要历经悲欢离合的考验，就像天亮之前一定要有一段拨不散的黑暗。而当黑暗过去，黎明的曙光便可翩然而至，正如在我们历练得更为成熟之前要承受一番苦难一样。

我国清代文学家曹雪芹出身官宦世家，少年时过着衣食不缺的富足生活，后来家道中落，常年连温饱都无法解决。但他并不为恶劣的环境所影响，在自家破旧的墙壁上写下"富非所望不忧贫"的座右铭，最终写出了《红楼梦》这一旷世奇作。

还有英国著名作家、教育家海伦·凯勒，她两耳失聪、双目失明，但这并没让她放弃对美好生活的追求。她在老师莎莉文的帮助下，掌握了英、法、德等五国语言，并完成《假如给我三天光明》等一系列著作，还致力于建立慈善机构，被美国《时代周刊》评为"美国十大英雄偶像"。

无数事实证明，世界上绝大多数顶级成功人士曾遭受过这样或那样的苦难，但他们没有退缩。他们用钢铁般的意志同命运抗争，最终在苦难中获得了巨大成就，为人类创造了无价财富，也为自己的生命创造了辉煌。

我曾经读到过一篇名为《满满一壶沙》的文章，讲述的是在沙漠缺水的困境中，人们以坚定的信念求生的故事。

在茫茫无垠的沙漠中，一支探险队在艰难地跋涉，他们迷路了，更糟糕的是没有水了。这意味着什么，大家心里都很清楚。没过多长时间，队员们开始觉得四肢乏力，几乎走不动了，感到死神正在向他们招手。

这时候，队长从腰间取出一个水壶，两手举起来，惊喜地喊道："我这里还有一壶水，我们还有希望在喝完这壶水之前走出沙漠。但我们就这一壶水了，没走出沙漠，谁也不能喝这壶水。"沉甸甸的水壶从队员们的手中依次传递，那些濒临绝望的脸上又显露出坚定的神色，他们决心一定要走出沙漠。

终于，队员们凭着那壶水带给他们的信念，一步步穿越了茫茫沙漠，顽强地挣脱了死亡线。大家在喜极而泣之时，久久凝视着那个给了他们信念支撑的水壶。拧开壶盖，流出的却是满满一壶沙……

在迷路、缺水的情况下，这群探险队员却能坚强地走出茫茫大漠，创造出一般人难以创造的生命奇迹，正是因为他们相信这壶"水"让自己有活下去的可能。这就是信念给予他们的力量——让人创造奇迹的力量。

人的一生又何尝不是如此？即使刚刚走出校门步入社会的你，也很可能在曾经的学习、生活及工作中遭遇过坎坷和失意，就像行走在迷茫无际的荒漠中。这时候，只要不惧怕黎明前的这一段黑暗，只要心中铭记自己的目标，并且坚持不懈地去实践它，就一定会看到希望、迎来曙光。

事实上，即使有再多的艰难险阻，即使自身力量再薄弱，意志坚定之人也不会改变伟大的志向，不会放弃对信念的坚持，她们敢于冲破重重障碍，努力实现心中的梦想，如此就没有穿不过的风雨、涉不过的险途。

我的一位校友在大学毕业后去了美国的哈佛大学留学，如今在一家研究机构工作。在外人看来风光无限的她，实际上在过往的生活和工作中都遭遇过无数大大小小的困境和挫折。

几年前，她幼小的儿子患上了川崎病，心脏受到一定程度的损害。丈夫又因为车祸而失去了左手的两根手指。工作上，因为遭人算计，致使她有好几次在科研项目中失败。

尽管种种不幸降临在她的头上，使她不得不面对一个又一个摆在眼前的困境，但她仍然记得自己读书时导师给她的教诲：挫折都是暂时的，如果能够耐得住暂时的挫折而选择坚强，那么最终很可能会迎来璀璨的人生。

因此，她始终给自己加油打气，在她看来，如果自己总是抱怨命运的不公，遇到麻烦就退缩妥协，那么自己就很容易被现状打败，到头来迎接自己的也必将是人生的无望和晦暗。

上面的故事告诉我们，在面对困境时，坚定的信念最重要。

任何人的一生都不可能一帆风顺，总会遇到困境。那为什么有人能最终走出困境迎来光明，而有些人从此一蹶不振呢？区别就在于如何看待困境。

走出困境的过程很像是爬一座高高的山峰，当你坚信自己一定能战胜它的时候，必然士气大增，坚持下来终能爬上顶峰；当你畏惧它的时候，被困难挡住去路，只能在山脚流连。

此外，除了坚定的信念，努力地寻求突破困难的方法也同样重要。很多时候，困难比我们想象的要难，尝试运用多种方法，所谓"条条大路通罗马"，解决困难的方法总比困难要多得多。

作为新时代女性，我们是不是更应该带着强烈的不惧挫折的心态来面对一切呢？相信自己，只要有突破困境的心态，就不会惧怕黎明前的黑暗。

●●挫折平常事，女人当坚强●●

在漫长的人生旅途上，既有宽阔平坦的康庄大道，也有崎岖不平的山间小路；既有娇艳欲滴的美丽鲜花，也有不恰当丛生的荆棘。无论是坚强的男人还是柔弱的女子，谁都难以逃脱这份注定的际遇。

其实，任何一个女人都和你一样，都在人生路上经受着这样那样的挫折，你不要认为老天在故意和你作对，在故意惩罚你！面对挫折时，一味地哭泣、抱怨、悔恨和惋惜，并且在相当长一段时间内都难以从挫折的阴影中解脱出来，甚至一蹶不振，这些做法都是不可取的。

法国文学家巴尔扎克曾说过这样一句名言："世界上的事情永远不是绝对的，结果完全因人而异。苦难对于天才是一块垫脚石……对于能干的人是一笔财富，对弱者是一个万丈深渊。"

男人不会同情弱女人，社会也不会同情眼泪。你要想自己活得有尊严，想在生活和事业上有所作为，想得到别人的欣赏，就请你淡定从容地面对挫折，接受上天对你的考验，把挫折作为一个新的起点。

尽管挫折使我们痛苦，但经受挫折没有什么大不了的，关键是要在挫折中变得聪明，变得坚强，变得成熟，变得完美，把每一次挫折都变成一次锻炼自我、完善自我的机会。所谓"吃一堑，长一智"、"失败是成功之母"，这就是告诫我们要积极地面对一个又一个失败，善于从失败中学习，不断地总结失败的教训，不断完善和提高自己，进而完成一次次难得的自我蜕变，实现成功。

古往今来，有多少仁人志士直面人生的挫折与失败，最终给世人留下永恒的记忆。"山重水复疑无路，柳暗花明又一村"是陆游的人生态度，他能直面人生失败，是如此的自信；"破釜沉舟，百二秦关终归楚；卧薪尝胆，三千越甲可吞吴"是越王勾践的人生态度，他敢于蔑视人生挫折，是如此的坚强和坚毅。

现实生活中这样的女人也不少，如著名的主持人、媒体人、企业家杨澜。人们都说杨澜是一个成功的女人，在享受事业成功的同时又有那么幸福美满的家庭，但她的成功并不是一开始就顺利，而是以一场事业大挫折作为转折点，让我们一起来看看她的故事吧！

1996 年从美国留学归来的杨澜相继和各大卫视合作，主持了《杨澜视线》、《杨澜访谈录》、《天下女人》等节目。从体制内到体制外，从主持人到独立电视制片人，从娱乐节目到高端访谈，再到探讨女性成长的大型脱口秀节目，每一次转型，都令人耳目一新。

2000 年，杨澜成立阳光文化网络电视有限公司，开辟了阳光卫视频道，跨入商界。但杨澜未能料到，阳光卫视竟成为了她事业上最大的挫折。短短

3年，阳光卫视累计亏损超过2亿港元，最后被一家传媒公司收购，杨澜自此退出了卫星电视的经营。

这对杨澜是个非常大的打击，但她并没有抱怨、愤怒，而是开始了冷静的思考，思考自己到底适合做什么。经过反省之后，她把自己定位为一个懂得市场规律的文化人，一个懂得世界交流的文化人。

而后，杨澜开始了自己所熟悉并擅长的文化传播和社会公益事业。她曾担任过国内各种大型慈善活动的形象大使，在"2005年中国慈善家榜"上，她位列第四，被评为"泛亚地区20位社会与文化领袖"之一。

从杨澜的成功经历我们可以看到，一个人遇到挫折没有什么大不了的，我们要感激挫折的考验，不断提高自己的能力，才能真正摆脱目前的困境，进而真正地实现自我价值，成就自身的魅力！

坚强的魅力女性，首先要有一颗强悍的心。事实上，谁也不能把你打倒，能打倒你的只有你自己。无论在什么情况下，即便是身处绝境也不能被自己打倒，要淡定从容一点，重拾自信和勇气，用经历挫折获得的经验为自己向成功迈进创造条件，开始新的历程。

其次，越是在挫折面前，越是要保持头脑清醒。是的，在困境面前，我们应该清醒地问问自己：我为什么会遭遇困境？我应该如何做才能将损失降到最低？我能够从中学到什么？下次遇到这样的事情我应该怎么做……

做一个有气质的魅力女人，绝非一句话就可以学会，要在实践中把挑战当作指南针，把挫折当作试金石，勇敢地向自己挑战，并战胜自己、超越自己，完成一次次难得的自我蜕变，进而更好地表现和证明自己！

●●感性和理性，女人的智与力●●

多年来，我曾不止一次地为一个叫雨晴的同学惋惜。

雨晴是我的中学同学，是一个非常优秀的女生。家世好，外貌好，成绩好，每次学校合唱团参加大合唱，别的学校由老师在舞台上弹钢琴，我们学校却是穿着雪白的连衣裙、长发披肩的雨晴坐在钢琴旁。她的一切，让我们这群黄毛丫头羡慕不已。

后来，雨晴和学校一个成绩很差的小帅哥开始恋爱，小帅哥是出名的混混，老师对他们"围追堵截"，家长再三勒令，雨晴不为所动，经常辅导小帅哥学习。高考的时候，不但雨晴考进了一所重点大学，小帅哥也考进了同一城市的一所还不错的大学。这对小情侣几乎成了我们眼中的传奇，让我们相信爱情的伟大。

如果故事就到这里，可谓十全十美。可惜这故事偏偏有个不理想的结局。

进入大学后，雨晴仍不愿与这个男生分手，并为此放弃了留学，放弃了读研，为的就是和这个男生过小日子，长相厮守。可这个男生从大学开始就不思进取，不断挂科。工作后更是今天不开心，明天不高兴，说辞就辞，说休息就休息，全靠雨晴一人辛苦养家。后来，雨晴终于看清了此人的无能和无担当，提出分手。那时雨晴已经30岁，本来应该有的前途早成了泡影。据说那男生竟然还对别人抱怨雨晴势利，嫌她没钱。

雨晴的同学不忍心告诉她这件事，更不忍心问她："这么多年，你到底后不后悔？"

看完这个故事，也许你会说，这种事太多了，女人都这么傻；也许你会说，这种事像小说似的，桥段太老套了……不论现实还是小说，这样的故事都不少，傻女人源源不断地出现，由天之骄女沦为灰姑娘，让人替她们着急、担心、惋惜。

女人的傻，傻在她们太感性，而且让感性主宰了自己的生活。一个完全感性的女人无疑要走弯路，因为她只会"跟着感觉走"，没有观察，没有判断，没有瞻前顾后的思考，想做什么就做什么，更糟的是，她相信只要这么做了，就一定能达到自己的目标。这个时候的女人是最自信的，"我想的不会错"、"我不会看错人"、"我相信我自己的感觉"是她们的标志性口头禅。

事情完全不在自己的掌握中，危险系数就会无限增加，而理性的女人不会把所有决定权交给另一个人，她们会为自己保留一些东西，比如退路。总有人觉得"无路可退"才是最炽烈的感情状态。唉！都站在悬崖边上了，还谈什么最炽烈的感情，女人能等的，不过是那个男人究竟选择拉她一把还是推她一把。永远不要为了一个男人和父母冷战、和朋友断交，这些是多可怕的事。即使父母和朋友不会放弃你，但自己却可能因为自尊、因为无言以对等，而对这些人避而不见。

再如远见。就拿雨晴的情况来说，放弃留学和读研不是个好主意，她没想过自己的硬件实力越强，越能掌握未来的主动权。如果她有过硬的学历，即使与男友分手，依然可以当个万里挑一的女强人。但她早早地为了爱情放弃未来，选择当一个顾家小女人。或者说，如果雨晴有更强的工作能力和经济条件，两个人的关系后来也未必走到决裂，也许那个男人会收敛，会因为怕被雨晴甩掉而努力讨好她，会因为妻子的优秀而发愤图强。他们的故事，也许会有一个截然相反的结局。

在很多时候，女人都要克制自己的感性，不要让感性凌驾于一切。因为感性时的思考能力是有限的，只能看到眼前的一丁点喜怒哀乐，只能顾及当前的心情，完全忘记了生命中最重要的是明天。我们努力的当下，就是为了更好的明天。理性，就是在头脑发热的时候强迫自己冷静下来，想现在的局面，想任由局面发展会不会有一个好的结局，如果不会，应该怎样处理。

但是，理性也必须控制。一个完全理性的女人更让人望而却步，她们是那种相亲时问遍男方祖宗十八代、第一次约会便拟订婚后责任义务、凡事都可以拿到桌面上谈判的女人。她们缺少了女性最应有的温柔，让人觉得她们像一台冰冷的机器。她们在乎的都是冰冷的东西：钱、事业，对待客户像春天般温暖，对待事业像夏天般火热，对待家庭像秋风扫落叶一样，对待老公像严冬一样冷酷无情。这同样失去了一个女人应有的性情。

那么，如何增强自己的理性呢？首先，不管遇到什么问题都要有冷静思考的能力。生活中总有很多难题比较棘手，总会有很多人际关系比较难处理，在这个时候，一定要告诉自己，冷静下来，好好地思考再做判断。感性的处理方法往往过于盲目，只是一味地追随自己的感觉，常常会让问题更加棘手。所以，一定要学会冷静思考。

其次，不管面对什么局面都要有自控的能力。女人的感性往往表现在面对一些局面时，不假思索地说出一些即兴的话，当时可能只是头脑一热，事后冷静下来才会后悔懊恼。所以，越是在一些特别场合越是要控制好自己的情绪和嘴巴。

最后，做选择的时候多想想将来，而不要仅仅局限在你和他两个人身上。一个女人的一生，不知要遇到多少条岔路，要面对多少种选择，谁也没有未卜先知的能力，不能一眼就看到结局。于是，考验女人情商的时候到了。怎么选择对自己最好，怎么选择会毁掉自己的一辈子，你能把握吗？在这个时候，记住一句话：一切为了将来。

你不知道要不要和某个人谈恋爱时，想想几十年后，你愿不愿意和他一起坐摇椅；你不知道选哪一个行业时，想想几年后，你在哪个行业更能一展所长；你不知道现在的忙碌有没有意义时，想想几年后你要过什么样的生活……都说有现在才有未来，但有些时候情况相反，想到未来，才能更好地决定现在。这其中，感性和理性——女人的智慧与力量起了最大的作用。

●●不抱怨的生活才美满●●

面对生活的不如意和心理上的不舒坦，或许你曾多次抱怨：上帝怎么这般不公？有的人一生下来就含着"金汤匙"，而有的人一来到世上就是乞丐；有的女人天生丽质，而自己却相貌平平；为什么对别人那么大方，对我却这么吝啬；等等。

可是，慢慢地你就会知道，当你默默地在岁月中跋涉时，曾经的不如意给你带来了可贵的生命品质，比如自尊，比如坚韧。或许这正应了一句话：累累伤痛是生命给你最好的东西。这时候，或许你会发现，生活原本无须抱怨，抱怨只会带来负能量，对于事情的良性发展毫无益处。而不去抱怨，学会坦然地接纳现实，则会让心灵更放松，生活更快乐，所遇到的问题和困境，解决起来也就更容易。

芬和丽都是某外贸公司的内勤部职员，受金融危机的影响，公司决定裁员，她们都没能逃脱这一厄运。公司规定，她们要在一个月之后离岗，听到这个消息时，她们的眼圈都红了。

第二天早上，芬的情绪仍然很激动，同事和她打招呼她总是一副爱搭不理的样子，说话也总是"带刺"，她不敢直接找老板去发泄，只能和办公室主任、同事发牢骚："我做错什么了？凭什么把我裁掉……""这对我不公平……"她声泪俱下的样子，惹得周围的人心生同情，但无论大家怎样劝慰她，也没有用。一天下来，她只顾着到处申冤诉苦，连自己的本职工作都忘了，传送文件、收发 E－mail，甚至连订餐都耽误了。芬过去在公司是个人缘很好的女人，可现在的她整天愤愤不平的，同事们不再像以前那样喜欢和她接触了，甚至有点讨厌她。

丽在看到裁员名单后，回家哭了一个晚上，但是她第二天上班的时候，和以往没有什么区别。同事不好意思再吩咐她做什么，但她却主动揽活，面对大家同情而惋惜的目光，她总是淡然一笑，说自己想站好最后一班岗。每天上班，她仍旧勤快地打字复印、随叫随到，力求做好自己分内的事。

一个月的时间很快就到了，芬如期下岗，而丽却从裁员名单中被去掉了。主任在办公室里向所有同事传达了老总的话："丽的岗位，谁也无可替代！像她这样的员工，公司永远都不嫌多！"

面临同样的工作境遇，芬用牢骚和抱怨发泄着自己的不满，丽用站好最后一班岗来做好离职的准备。事实上，导致她们俩结果迥异的，正是彼此抱怨与否的态度。

毋庸置疑，没有人愿意遭遇坎坷，承受不幸，但是也没有人能抗拒得了痛苦和不幸。柴静在《看见》里曾说过，痛苦不是财富，对痛苦的反思才是财富。上帝是一个精明的生意人，在给你些许幸福的同时，也一定会搭配相应的不幸，这些不幸正是让你来反思的。所以，痛苦也好，幸福也罢，这就是我们的生活，这就是我们的生命。面对人生的种种，我们无须抱怨，无须哀叹，而应该把所有的一切都看作我们需要担当的东西，都是值得我们珍惜的。所以，请对自己狠一点吧！哪怕你满腹委屈，觉得命运不公，也不要不加克制地发泄出来，而应该换个思路看待这一切。所以，你一定要记住，只有不抱怨的生活才能让我们坦然面对困境并告别不幸。

遇到难题和挫折的时候，我们不妨问自己几个问题：

第一，面对挫折，我愤怒、抱怨，这些做法对事情有帮助吗？事实证明，在挫折面前只是一味地抱怨，这种做法没有一丁点用处，这样做只会让你的心情更糟糕。所以，永远要把快乐和健康放在你的价值排序的首位，不要总是闷闷不乐、郁郁寡欢，那样很容易生病。没有了健康的身体，生活也就没有了乐趣。

第二，那些事情真的已经糟糕透顶，无法挽回了吗？当你愤怒、难过、痛苦的时候，往往会放大挫折的程度。等你真的冷静下来权衡的时候，事情远远没有想象的那么糟糕。所谓"山重水复疑无路，柳暗花明又一村"。不管什么难题，一定有解决的方法。

第三，有些事情已无法挽回，还要一直耿耿于怀吗？做一个豁达的人，对于无法挽回的事情，放手就好。一直心存芥蒂，怨天尤人，只会徒增自己的苦恼，而不会有任何改变。快乐与痛苦，都由你自己决定，何不选择快乐而幸福的生活呢？

所以，我们应该像上面故事中的丽那样，在面临困境的时候，不抱怨命运。要知道，抱怨会让你的内心痛苦不堪，而且在怨天尤人的情绪中，事情也只能越变越糟，甚至错过了解决问题的机会。面对不幸和挫折，我们要学会不断地捕捉生存智慧，不断地对自己狠一点，再狠一点，能够承受苦难，直面打击，这样才能够在挫折中成长起来，把握自己的命运，获得美满的人生。

●●娇而不作，收起你的"存在感"●●

一位男性朋友说，有两种女人最让他厌烦，一种是不懂装懂，一种是懂装不懂。

他说得没错，这两种女人的确不讨人喜欢，一种浅薄，一种矫情。

浅薄是女人易犯的错误。女人喜欢找存在感，不喜欢别人忽视自己，别人说什么她们都要掺和进去，大肆发表自己的见解，却不知自己和人家根本不在同一个频道上。随便找个生活中的场景，让我们看看浅薄女如何表现——

两男一女正在等车，其中一男正在谈股票。

女：我知道我知道，我有个表弟就是搞证券的，我常听他说××股不能买，肯定赔！其实基金挺不错，你们为什么不买基金呢？

男：我们在谈自己公司的股票，马上要上市了。

女：上市？上市好啊！说明你们公司有发展前景！不过我听说期货更赚钱，你们公司为什么不做期货？

……

另一男偷偷问同事：这女人到底懂不懂什么是股票，什么是基金，什么是期货？

浅薄的女人让人轻视，她们总怕别人忽略了自己，自己说出的话没人迎合，于是在别人说话时，她们总是没话找话，殊不知她们的见识层次不够，说出来只是徒惹笑话。

不过，也不是所有找存在感的女人都是不懂装懂，有些女人懂得很多，但别人说话时，她突然插进去，开始给别人上课，这就有了卖弄的嫌疑——人家又没请你说话，你着急开什么口？这样的女人，依然让人感觉浅薄。

浅薄的女人如果漂亮，仍然能得到男士们的青睐，但一旦结婚，由于她没多少持家本领，很快就会被老公厌烦。而那些很有本事的浅薄女人，周围的人总是忍不住想，这么有想法的女人，如果能稳重点，该有多好，不会像现在这样让人厌烦。

矫情的女人更让人不自在。这种女人认为能够打动别人的是天真、是无邪，于是在任何场合都要竭力表现出自己的天真无邪，表现出自己的一尘不染，她们的表演还真能骗过一部分人，但绝对骗不了所有人。找篇小说，我们看看矫情女的表演——

一男一女在轮船甲板上谈心。男的给女的讲海上航行的经历，说见过飞鱼。

女：真的吗？那你见过鲸鱼吗？

男：见过，多得是。有一次，我们坐的船险些嵌在鲸鱼的牙齿缝里。

女（睁大眼睛）：真的吗？

男：千真万确！

女：我不信，你在骗我对不对？

男方好友私下评价：一个大学毕业生会那样天真幼稚吗？

以上情节出自钱钟书的《围城》。

矫情的女人让人生厌，她们总是以夸张的态度来表达自己并不具备的品德或才识，她们想要卖弄一些东西，却总是弄得不伦不类，旁人又不好直接戳穿，只能一面鄙弃一面嘲笑。矫情的女人心目中有一个 "理想自己"，或天真可爱，或冷若冰霜，或博学多才，她们极力表现出自己就是这样一个人，周围的人看了，只会觉得她们太能装了。

矫情不是什么大错，但矫情女人的夸张却让人受不了。比如听到哪里发生了地震，理性的女人问震源、问援助情况；感性的女人第一时间想那里有没有亲友，想在什么地方能捐点款。矫情女人呢，眼泪扑簌扑簌地掉下来，说震区的小孩子有多可怜，然后发一通感慨。她们以为这样能让别人见识到自己善良的心地，但事实上只会让人觉得夸张——又不是你的至亲好友，你有必要当着这么多人哭得肝肠寸断吗？真假。

孔子说："知之为知之，不知为不知，是知也。"一个读书不多的女人未必没内涵，一个不懂事的女博士也可能让人觉得肤浅，关键在于她究竟懂不懂分寸。浅薄的女人和矫情的女人都喜欢撒娇，前者撒娇不分时间、场合、地点，你做了让她不顺心的事，她就会当面撕破脸皮，和你大闹，讲不通道理，只能忍气哄她，这情况又叫恃宠而骄；后者撒娇无异于言语攻击，拿出小女孩的扭捏模样和声调，娇滴滴地与你说话，听得你头皮发麻、寒毛直竖，于是你会马上答应她无理的要求，只希望她赶快恢复正常。

同为女性，我也清楚地知道，"娇"是女人内在的心理需要，女人都希望别人重视自己，爱护自己，这样的人越多越好。但是，想要得到别人的重视和爱护，你就要有那种魅力，而不是靠撒娇装纯得来。要知道，你不是小女孩，别人也不是你的爸爸、妈妈、大哥哥，谁有时间总"娇"你？除非别有用心。

何况，恃宠而娇不是好事，会让你失去分寸，变得刁蛮无礼，忘记应该具备的品德和应该做的事。女人的存在感，需要由内而外地散发出来，而不能靠几句不懂装懂的亲热话，几声娇嗔，这样的重视，即使获得了，也不会长久。

想要真正获得存在感，还是要注意自己的行为，收敛自己的气性，提高自己的内在修为，不如试试下面的做法。

1. 摆正自己的位置

有些女人总以为自己拥有特权，因为她是女人，别人就应该爱护她、谦让她，这纯粹是自我中心思想在作祟。这样的女人欠缺磨炼，最好被上司骂哭几次，被父母嫌弃一通，被男友训斥几句，不然她不知道自己贡献不多，毛病不少，还爱没事找事。

女人必须摆正自己的位置，明白自己并非高人一等，别人也没有义务对自己爱护谦让。想让别人喜欢你，就需要具备让人喜欢的资本；想和人交朋友，就要先亮出自己的诚意。一句话，尊重别人是高级美德，尊重别人就是尊重自己。

2. 只对亲密的人撒娇

女人喜欢撒娇，享受被人宠溺的感觉，正因如此，才要克制这种习性。亲密的人宠你，外人为什么宠你？要么他脾气实在太好，要么就是有目的。

不要以为撒娇会给你带来什么好处，那只会让人觉得你没长大、好骗、没用。何况大家都很忙，谁有闲心听你撒娇，看你任性？在绝大多数场合，端庄的女人才典雅，才有人缘，才让人欣赏，快收起你的小公主心态吧！

3. 克制你的做作

当女人想给别人留下特别的印象时，就会故作姿态，如故作清高、故作天真、故作深沉……但清高者的出尘脱俗，天真者的快言快语，深沉者的精辟见解，还真不是能做出来的。若这样做，别人只会觉得你用力过度，有失自然。

女人最好的状态就是自然，因为一个人的气质是由内而外散发出来的，再装再表现也掩盖不住。你若不懂得这件事，最好三缄其口，听听别人怎么说，不要表现出你的无知，做"哎呀我不懂，给我讲讲嘛"的天真可爱状；如果你很了解这件事，就更不要卖弄你的知识，那不是女性该有的举动。在别人烦恼的时候，你可以适时地说一声："我对这方面有一点了解，给你一点意见，你看看有没有帮助？"这才叫雪中送炭，既帮了人又留了好印象，这才叫漂亮。

多数时候，女人应该是安静的。她听别人说什么、做什么，并且思考其中的道理，举一反三，默默地累积自己的智慧。终有一天，她会在人群中闪光，找到真正的存在感，而人们对她的尊重、信任、爱护，也会发乎内心，毫不牵强。这才是女人的真正魅力！

●●嫉妒别人，不如提升自己●●

我们常说"酸葡萄"心理，其实就是一种嫉妒心理。尤其对于女性来说，嫉妒似乎是一种与生俱来的情绪。

现在不妨想一想，曾经某个时候，因为某件事或者某种境遇，自己是不是嫉妒过他人？或者自己因为某件事被某些人嫉妒过？虽然嫉妒甚为普遍，但也确实是因为某些方面不如他人而产生的一种失衡心理。

嫉妒这种情绪所产生的作用往往是负面的。因为当别人某一方面超过自己时，自己的心里就酸溜溜的，很不是滋味，耐不住这种居于人下的状况，于是就产生一种含有羡慕和憎恶、怨恨和愤怒、失望与猜疑、虚荣与屈辱等并存的复杂情感。这些情绪都会让我们感到不快，甚至有些刺痛。其实，这样一来，被嫉妒包围的我们，会被它折磨得身心疲惫，内心处于无比痛苦之中。

与此相反，如果我们在看到别人强于我们的优点和收获的时候，放下嫉妒之心，向对方学习，汲取别人的智慧和经验，努力提升自己，说不定某一天，我们会发现，原来自己长本事比嫉妒别人的感觉舒服多了。

司丽敏是一个生长在小山村的姑娘，经过努力学习，好容易考上了一所没什么名气的大学。毕业后，由于竞争太过激烈，司丽敏一直找不到工作。

无奈之下，她只好回到生自己养自己的小山村。回到家乡后，她依靠家里的关系进了一所乡村小学任教师。可是由于司丽敏口齿不灵，才讲了一周的课，就被学生们反映听不懂。

最后，学校只好将她辞退。司丽敏沮丧极了，她很嫉妒比自己年纪小、学历也只有中专的同校老师小华，原因是小华的讲课水平比她高出很多，总受到同学们的称赞和校领导的表扬。无奈之下，司丽敏带着这种情绪重新寻找工作。

之后，司丽敏进了村里的工厂当女工，照纸样用剪刀把布剪出来，可是她的动作实在太慢，没几天也被工厂老板轰了回来。后来，司丽敏又换了两样工作，统统不合适。为此，她对自己很绝望，对那些比自己强的人很嫉妒。

司丽敏的妈妈看到女儿如此沮丧，便鼓励她说："人家干了很多年，自然有经验，你一直读书，哪里能一下子就做好呢！你这样爱跟别人攀比，就总觉得自己不行。要想比别人强，你得拿出点成绩来才行，光嫉妒人家是没用的。"

听了妈妈的话，司丽敏觉得很在理。的确如妈妈所说，嫉妒别人是没用的，提升自己才是正道。后来，司丽敏又经过一段时间的摸索，总算找到一个适合的工作，在一家水果罐头厂做理货员。

这份工作不用和人打交道，需要一定的耐心和体力，而这些都是自己的优势。就这样，司丽敏开始在理货员的职位上干起来。工作中，她时常想起妈妈的话，不去嫉妒比自己强的人，而是努力把工作做好。

最终，经过3年的努力，司丽敏终于能够"出师"了。她开始自己做起水果生意来，一开始她把山里的水果卖给城里的罐头厂，后来她干脆自己开了罐头厂，经营得还很不错呢！

故事中的司丽敏很幸运，她有一个在关键时刻给了她重要提点的妈妈。否则，她可能会在对别人的羡慕和嫉妒中一直持续下去。也正是因此，使她耐住了在某些方面不如人的个性，并另辟蹊径，闯出了属于自己的一片天。

其实，每一位女性都是一粒富有生命力的种子，都有长成参天大树的潜质，与其因自己无能而嫉妒别人，不如想方设法改变和提升自己。正如一位心理专家所言：解决嫉妒问题的根本方法，就是自己也成为一个优秀的人。当达到这种状态的时候，嫉妒就会不知不觉削减，因为自己的人生已经在这个过程中有了切实的价值。

所以，我们完全没必要将时间和精力浪费在对他人的嫉妒上，而应耐得住暂时的不如人，并抓住一切机会，调动所有因素来增加自己的资本，学习别人的优秀之处，缩短彼此之间的差距。要知道，改变生活的，是踏实的态度，而不是一肚子酸水。

嫉妒很常见，如何克服嫉妒，使自己成为一个充满正能量的人呢？

1. 学习他人、提升自己

嫉妒于人于己没有一点好处，倒不如将那些嫉妒别人的精力多用在学习他人、提升自己上来。当我们产生了嫉妒他人的情绪的时候，不妨先想想他人成功的道理，绝大多数时候，他人获得的东西比你多，是因为他们付出的努力比你多，承受的压力比你大，担负的责任比你重，把你换在他的位置上，你未必做得好。

2. 面对功利荣辱，要有平和的心态

我们必须清楚，人生之路有升沉进退，命运有悲欢离合。我们应该学会坦然地接受一切，耐得住别人在某些方面比自己强，这是一种对人生的透彻把握，也是生命的爱与深刻的理解。

嫉妒并不是一种十恶不赦的坏情绪，嫉妒心就是好胜心。消除了消极的因素，我们把精力用于自我提高，可以使自己变得更强大。

●●谦逊是永远的美德●●

谦逊是一种美德，是每个成功人士必备的品质和修养。古希腊哲学家苏格拉底曾说过："谦逊是藏于土中甜美的根，所有崇高的美德由此发芽生长。"一个能够赢得众人欣赏的女人必定拥有一颗谦逊的心。

不过，并不是所有的女人都知晓这个道理。不少女人骄傲自负，恃才傲物，为了表现自己常把自己的长处挂在嘴边，对某方面不如己者，要么不屑一顾，要么恶语相向；更有甚者，以己之长，量人之短，以己之聪明，衬人之笨拙。这样的女人看似聪明，实则不仅会让人生厌，还会被人看不起，更严重的还可能会伤害到别人。在无形之中，破坏了良好的人际关系，使自己走向孤立无援的地步，为自己设置许多障碍，生活各方面陷于窘迫。

陈倩倩是某文化公司策划部的成员，她做事干脆利落，工作效率高，但是有一个毛病，那就是不懂得谦恭。当别人的工作出现问题时，陈倩倩总会用夸张的语气说道："不会吧！那么容易的事情也会出错？"当别人指出她的方案有问题时，她第一个反应是："那也没办法呀！因为我提出的方案通常都是最好的嘛！何况你们提不出比我更好的办法。"渐渐地，同事们谁都不喜欢和陈倩倩一起工作了。

一段时间后，公司组织全体工作人员进行互相评价的活动，并决定提拔得分最高者为新主管。陈倩倩是最低分，毫无意外地与主管之位无缘。她心里很不平衡：我能力很出众，做事尽职尽责，可为什么他们对我的评价差得要命？

例子中的陈倩倩就是不懂谦逊、高看自己低看别人的一个人。她从不肯尊重他人，事事自以为是，别人受了几次难堪后，谁还愿听她夸耀自己的言论？只会对她敬而远之，嗤之以鼻。对此，我们一定要引以为戒。

在人际交往中，一个女人有才能是件值得欣赏的事，如果能用谦逊的美德来装饰，那就更值得欣赏了。这是因为，谦逊的女人时刻记得：人人都有值得尊重的地方，自己并不比别人高明多少，进而能够尊重别人的价值。

再也没有尊重个人的价值能让一个人满足的了，因此谦恭的女人总是会给别人留下富有涵养、真诚可亲的印象，从而赢得别人的好感。所以谦逊也正是使你受欢迎、被欣赏的有效方法，你很可能会因此成为人见人爱的万人迷。

古人曰："谦受益，满招损。"人生无止境，事业无止境，知识无止境，也唯有拥有一颗谦逊的心，把自己放在较低的位置上，才能不断提高自己，获得进步。这道理就像一个杯子，只有把其中的水倒掉，才能接受新的甘泉！

露西硕士毕业时，她的父亲已经是一位很有名气的汽车生产商了。父亲并没有直接给露西安排工作，而是让她到一家名不见经传的小工厂上班，并说："到了工厂，千万别摆什么架子，要谦恭地对待周围的人，如果你不想成为孤家寡人的话。"

露西没有忘记父亲的谆谆教诲，她从最底层的零件打磨、组装做起，遇到什么问题都虚心地向工人们请教，就连门口的保安也成了她业余闲聊的伙伴。久而久之，工人们都喜欢上了这个女孩子，有什么问题总是喜欢和她探讨，露西因此受益匪浅。

这样没过几年，露西便对汽车生产行业的人事、产品及其流通、销售等情况了如指掌，顺理成章地从父亲手中接过了公司经营权。之后，露西依然坚持在小工厂中的谦逊作风，凭借着工作经验和员工们的鼎力支持，不到 3 个月就让公司上了一个新台阶，成为了汽车行业举足轻重的人物。

露西的故事告诉我们两个道理。首先，谦逊的人不自满。天外有天，人外有人，山外有山。不要以为自己比别人聪明，这也知道，那也知道。收起自己的妄自尊大，表现得谦恭一点吧。唯有做一个谦恭的人，我们才容易被他人接受，才能获得别人的帮助和支持，进而不断提升自己的实力。

其次，谦逊的人，不独断。在适当的时候征求一下同伴的意见，而需要你做的只是问一句"你有什么看法?"、"我不太明白，你能帮我解释一下吗?"、"我没有理解你的意思，请再说一遍"之类谦恭的言语，尤其在面对双方地域不同、文化背景各异的情况下。

著名的文学家柴斯特·菲尔德说过："如果你想受到赞美，就用谦逊去做诱饵吧!"借用这句话，如果你想拥有强大的"美力"，成为一个让自己充满魅力的女人，就把这句话当作座右铭吧! 如此一来，久而久之，你离成功就会越来越近。

●●温柔是一把万能金钥匙●●

很多女生都看过韩国电影《我的野蛮女友》，在这部片子最流行的时候，不少女孩纷纷效仿，感觉这样很酷，只是这种"野蛮"只能作为生活中的调剂品，永远无法成为必需品。因为这样的女人不仅会惹得周围人怨愤，甚至还让人感觉你没有"女人味"，毕竟不管时代如何变换，只有柔情似水的女性才最打动人心，也唯有这样的女人才是最明智的。

对男人而言，女人那娇羞传情的眼神，犹如冬日的一抹红霞，让男子一次次恋恋不舍；那柔若无骨的身姿，又仿佛江南四月的春光，让男子一次次沉醉不起；而女子那盈盈欲滴的芙蓉面，更像是一根轻柔的羽毛，轻轻地落在男子心灵深处的湖心，引起一片又一片的涟漪……

《红楼梦》中说过，"女儿家都是水做的骨肉"，一语道尽女人的柔情似水。不仅如此，黑格尔曾在《美学》中谈道："女人是最懂得感情的，一般说她们是秀雅温柔和充满爱的魔力的。"

对女人来说，这种与生俱来的温柔特质来源于性格中的弹性元素，因此在生活中，性情温柔的女性更能得到别人的喜爱，女人也因此而获得幸福。这不仅表现在日常生活中，女子为爱人和家人轻轻端来的一杯热茶和一件温暖的毛衣，还表现在她处理一些危机事件时的大智慧。

由于"拉链门"而一度成为众矢之的的克林顿，最终能够"夫唱妇随"地获得事业上的成功，并在卸任后过上其乐融融的家庭生活，完全是因为他有个大度从容、柔情似水的妻子。"拉链门"事件中，克林顿的妻子希拉里无疑是最大的受害者，然而在处理这一事件的时候，她却表现出了让人难以置信的理智和好脾气。她从容地在媒体前宣布："我原谅丈夫的不忠。"这种"好脾气"，不仅让克林顿深为感动，并逐渐变得收敛，更让媒体和大众看到了她的人格魅力。

不能不说，希拉里是温柔女性的表率，而这种豁达不仅能让"铁树开花"，赢回自己的丈夫，更能因此而成为最大的赢家。我们都听说过这样一句话："男人是山，女人是水。"实际上看似刚强无比、有泪不轻弹的男人，在很多时候更希望得到女人的抚慰和关切，因此温柔的女人更容易得到男人的倾心，这大概和男人的"恋母情结"有一定关系。

既然柔情似水的女性更有吸引力，温柔的力量也如此不可小觑，那么一些不太温柔或不知道如何才能变得温柔的女性，该如何改善自己的气质，让自己拥有这把万能钥匙呢？让我们来分析一下女性的温柔究竟体现在哪些方面。

1. 言语温和

温柔的女性在遇到不顺心的事情时，一定不会火冒三丈、暴跳如雷，而是选择以柔克刚，用"太极推手"的方法解决问题，这个时候，百炼钢也能被化作绕指柔，因为你轻柔的一句话就能将别人的敌意化为无形。

2. 细致周到

尽管说"大行不顾细谨，大礼不辞小让"，但真正能够打动人心的往往是细节之处的无微不至，因此有些看似不经意的举动，常常能起到"润物细无声"的效果，而这也显示出女性对于周围人的真正关心。

3. 富有同情心

温柔的女性对人对事都会抱有美好的愿望，希望关心和帮助他人，这也许是因为女人更有悲天悯人的情怀，愿意给予弱小的人群力所能及的精神和物质关怀。但这种善良和同情心，不仅会让他人深为感动，更会给你带来良好的回报。

4. 通情达理

温柔的女性一定是通情达理的，因为谁也不会承认哪个蛮不讲理的女人是温柔的。在日常生活中，温柔的女性对人一般都很宽容，绝不会因为某件事不如意而让人难堪，这种通情达理不仅更能彰显女性魅力，让人觉得你脾气很好，更能显示出你良好的修养和完美的气质。

最后，我们一起重温一下徐志摩的诗："最是那一低头的温柔，像一朵水莲花不胜凉风的娇羞。"在我们眼中，徐志摩描绘的是一幅美丽的画面——温柔而娇羞的女子，让人目醉神迷。其实，不管是男人还是女人，我们都心甘情愿地陷入这温柔的"陷阱"里，从此长醉不醒。

●●幽默是一种强大的力量●●

真正乐观的女人懂得幽默，幽默属于乐观的女人。消极悲观的女人笑不起来；满腹猜忌的女人，话里有话；心情整天处于冰点的女人，也难说出温暖人心的话语。只有那些内心澄净、超越得失的乐观女人，才会笑口常开，妙语常在。如同山间清澈的河流，那么富有生命力地流淌不息，只是因为永不枯竭的水源。幽默的女人之所以语言风趣，是因为她们一直都保持乐观的心态。

只有一直保持这种乐观的状态，才能对于一些不尽如人意的事情泰然处之，尤其是面对突如其来的尴尬，幽默的女人往往一句话就能将事态扭转。

有一个女翻译与士兵们正在开庆功会，在与一个士兵碰杯的时候，由于太过紧张，士兵竟然将一杯酒不小心泼到了女翻译的头上。当时士兵吓得手足无措，但是女翻译不慌不忙地用手擦擦头顶的酒笑着对那个士兵说："小伙子，你以为酒能滋养我的头发吗？我怎么没听说过这个秘方啊！"话音刚落，大家都禁不住大笑起来，而这个士兵则对这个女翻译充满了说不出的感激和崇拜之情。

幽默的女人，绝不会不合时宜地跟你摆一些毫无营养的大道理或者说一些表面上不冷不热的客套话，她们有大智慧，而这种智慧往往就是人们所说的"大智若愚"，看似又憨又傻的话中，却分明能让人感觉到厚实的天性和渊博的学识。

当然，现实生活中还有更加窘迫的事情，但是幽默的女人善于一一化解，让所有的"冏"都烟消云散。

有个女议员正在发表演讲，大家都在全神贯注地倾听，正在女议员讲到情绪高昂的时刻，只听"砰"的一声，所有的听众都在寻找声源的出处，原来是座位中一个椅子腿断了，这个听众顺势跌倒在地面上。此时，忽然听见女议员大声喊道："诸位，现在相信我所说的理由足以压倒一切异议声了吧！"

话音刚落，笑声和掌声雷鸣般地响起……

幽默是生活的调味剂，能化解尴尬，缓和矛盾，为我们的生活烹制出与众不同的味道。倘若在工作中，也善于使用自己的幽默，不仅娱人娱己，甚至还可以化腐朽为神奇。

有一位刚毕业的女大学生，求职经历非常不顺。有一次，她在网上向一家公司发出了自己的求职简历，对方却很快将不能录用的通知用电子邮件回复了她，但就在这时，电脑出现了故障，她这边收到了对方发来的两封 E-mail，女孩借此机会小小地幽默了一把，天知道，她根本就没对这个玩笑抱任何的期待。她在回信中这样说道："既然您对没有录用我表示如此的遗憾和内疚，那么为什么就不能给我一次面试的机会呢？"令她万万没有想到的是，由于那封信，对方公司最终录用了她，并且还给了她比之前更好的职位。

在协助外国经理工作期间，她也总是不失时机地幽默一下，给本来单调严肃的办公气氛增添了不少乐趣。有一次，外国经理不小心将一杯咖啡打翻在地毯上，他很尴尬地调侃道："一会蟑螂部队肯定要向我的地盘发起全面的进攻了。"这个女孩想了想，微笑着对那个经理说："没关系的，中国的蟑螂只喜欢吃中餐。"经理听了她的话后，放声大笑。在以后的日子里，她深得公司经理的器重，不到半年，她就成为部门的行政主管了。

幽默的女人，会将快乐传染给别人，她总是能让人感觉到她的魅力，总是无法让人抗拒，总是不得不让人欣然接受，总是不由得别人不对她格外厚爱。这就是幽默的力量。正如马克思说的："幽默是具有智慧、教养和道德的优越感的表现。"试想，一个如此有表现力的女人，又怎么会得不到特别的眷顾呢？

那么，怎样才能让自己成为一个"幽默达人"呢？下面我就告诉美女们一些具体的方法。

1. 充电

作为一个有品位的女生，千万不要将自己的幽默感打造成俗气的"冷笑话"，那是极不聪明的做法，幽默感不是一朝一夕就能锻炼出来的，闲暇的时候，给自己多充充电，潜移默化你就会慢慢习得 "真经"，千万不可操之过急，急于求成，那样势必会弄巧成拙。

2. 本性难移，不如保持风格

真正懂得幽默的女人应该知道幽默无法 "克隆"，就如同性格一样，绝对不会有第二个版本，每个女人都有自己独特的风格，所以没必要刻意要求自己。有时候你的沉默也是一种幽默，你的不谙世事也是一种幽默，所以，与其总是 "复制" 别人的幽默，不如坚持自己惯有的风格。

3. 幽默要运用得体

日常生活、职场办公室中，总是磕磕碰碰、小摩擦不断，有时甚至会出现剑拔弩张的阵势，搞得整个办公室人心惶惶。假如冲突的一方懂得运用得体的幽默，那么双方就会很快摆脱窘困的境地。

第 **4** 章

习惯唤醒"沉睡"魅力

修炼气质的路有很多条，但唯一一条不可少的，就是习惯的力量。关于习惯，我们常听到这样的说法，比如：习惯决定性格，性格决定命运。我们甚至可以认为，习惯是影响或者决定我们命运的关键。对女性来说，好的习惯是唤醒"沉睡"魅力的保障，是打造魅力人生的不二法宝。

●●关于相貌"那点事儿"●●

相信每个女人从学生时代开始，都有过这样的体验：新学期开学了，众多新生来报到，在拥挤的人群中总会有那么一两个女生特别显眼，她们未必面如娇花，但她们站立在人群中，却会显得与众不同。等到我们走进社会，类似的情形更加常见：在一些大型的聚会活动中，人们的目光总是会被一两个美丽的"焦点"锁住，她们不一定是最年轻漂亮的，也未必是穿着最华贵的，但她们的魅力却能够折服所有人。

或许，你到现在依然不明白，为什么她们可以成为闪亮的美女，而你却默默无闻，很少被人关注；甚至你还会抱怨自己不是天生丽质，渴望祛除身上各种各样的瑕疵。你知道吗？其实问题并不在这里，这个世界上没有完美的人，她们能够在魅力的角逐中胜出，是因为她们赢在了"起跑线"上。

英国女王在一封给威尔士王子的信中写道："穿着显示人的外表，人们在判定人的心态，以及形成对这个人的观感时，通常都凭他的外表，而且常常这样判定，因为外表是看得见的，而其他则看不见，基于这一点，穿着特别重要……"

女王的话并不夸张。对于那些不认识你的人而言，他们几乎都是从注意你的外表开始，再由此对你进行判断。这样做难免会有偏差，但却实实在在地告诉我们，女人的形象价值百万元。一个女人不管是高矮胖瘦，只要打扮得体，外表形象美好，那么在初见的第一眼就会给人留下深刻而美丽的良好印象。

几乎所有女人都曾接受过这样的教育："不要太追求外表美，要努力做个有内在美的人。"以貌取人，一直以来都被视为肤浅、庸俗的行为。然而，在这个充满竞争力的时代，我们不得不承认，女人的第一印象都与外貌脱不了干系。

莉莎小姐，经济学硕士，看上去还算是个漂亮的女人。很可惜，直至目前为止，还没有一个男人爱上她。她给人的感觉很随便，甚至是邋遢，有时候穿着两只深浅不一的袜子就出门了。至于形象就更别提了。她总是随手乱扔东西，你看到她的时候往往都是在找东西："看到我的钥匙了吗？我的手机哪儿去了？快，帮我找找！"

在工作上，莉莎擅长分析股票，可是面对这个潦草的女人，很少有人愿意与她长久交谈。所以，她至今升职无望，眼看着那个曾经是自己同事的女孩，跳到了比自己高一级的职位。在爱情上，不夸张地说，很多男人从看到她的第一眼就没有再与她见面的欲望了。有个曾与莉莎相过亲的男人说："不能娶她做妻子，否则我的生活就布满灰尘、暗无天日了。"

当第一印象在别人的脑海中形成后，日后要付出极大的努力才有可能转变。像莉莎这样的女人，就算她突然有一天意识到了这些，不断地提升自己的外在，谁也不敢说她一定可以改变自己当初在别人心中"定格"的形象。

在很多回忆录中，我们都会读到类似的话："她还是老样子，和我第一次见到她的时候一样……"很奇怪是不是？一个人几年、十几年怎么可能一成不变呢？其实，不是对方依然如故，只是作者对那个人的第一印象太深刻了，没有随着时间的流逝而改变。

"相貌"的一成不变当然不是什么好事儿，虽然父母给予的先天外貌无从改变，但我们可以通过衣着、妆容、气韵来完善自己的"相貌"。

1. 要根据自己的气质选择衣服和妆容

要问中国最会穿衣服的女人是谁，我首选"彭妈妈"。彭妈妈的衣着端庄典雅又不沉闷，造型优雅别致，向全世界传递了东方女性的大气端庄之美。

每个人都有不同的气质，有人优雅知性，有人开朗活泼，有人清秀灵动，所以要根据自己的气质特点挑选衣服，才能更加突出自身的魅力。

2. 不同场合要搭配不同的衣服

正式场合一定要选择庄重的衣服，千万不可轻佻；休闲的场合可以选择活泼明朗色调的衣服……做一个会"穿衣"的女性，就一定能给人留下深刻的印象。

由此可见，你能够改变自己的衣装，改变自己的妆容，但你留给对方的第一印象，却像持久挥发不去的味道，弥漫在周身。

●●太相信天生丽质，那就太天真了●●

形容一个女人，我们常会用天生丽质、婀娜多姿，甚至风华绝代等词汇。可是，不知道你有没有想过，即使一个女人天生美丽，那她的美就可以永存吗？就可以不用在形象上花心思了吗？

至少在我看来，真的不能如此认为。有句话这样说："18 岁之前的容貌靠父母，18 岁之后的容貌靠自己。"显然，靠父母的阶段更多地倾向于先天遗传，也就是所谓的"天生"。成年之后，美丽与否则主要在于自身。

二十几岁的女孩，显然是过了 18 岁这个节点的，也就是需要我们为自己的形象全面地负起责任来了。

我们知道，形象对于女人来说非常重要。有人说："形象是一个人的招牌，坏形象会毁了你一生，而好形象令你在人生的路上一帆风顺。"这句话一点不错。形象是一种人际交往的"资本"，是每个人向别人介绍自己的名片，是向别人展示自我的窗口。

英国的一位研究行为主义心理学的女士曾做过一个实验：她先是衣衫朴素、不修边幅地闲游过人群聚集的商场、地铁站等地方，然后再衣着光鲜、打扮得体地重新走过这些地方。同时，这位女士让她的助手躲在人群中悄悄调查人们对她的看法。结果，同样是这位女士，前后得到的结论却大相径庭。前者是 "让人不喜欢"、"不愿意靠近"，而后者则是 "很高雅"、"很有气场"。

通过这个实验我们不难看出，形象在社会生活中有着不可低估的作用，它在很大程度上控制和左右着周围人对我们的态度。无论在什么场合，别人往往习惯于从我们的形象出发，判断我们的性格、品位、素养和精神面貌等。

我的朋友梅雁在一家公关公司做市场部经理，她是一个非常有才华、口才也极好的女孩。因为我们是关系很好的发小，所以一直保持着比较密切的联系。

两年前的一天，梅雁跟我诉苦，说她有个困惑，每当面对需要唇枪舌剑激烈辩论的对手时，她就总觉得有些底气不足，缺乏自信，事情也往往办得不够利落。她说："一身单调的灰色职业装以及一头冗长的头发，让我在谈判的关键时刻备感压抑，一遇到强大的对手时，我的自信心一下子就找不到了，有些不知所措的慌张，这真是一件恼人的事情。"

我感觉得出来，梅雁的不够自信很可能和她的形象有关系。于是，我托朋友找了个相熟的形象设计师，让他帮梅雁设计了一下个人形象。

在设计师的建议下，梅雁剪掉了留了多年的长发，修剪成了利落的短发；又在设计师专业的推荐下，换上了一身庄重并富有朝气的高档套装。设计师给出的解释是："梅雁缺乏自信，源于先前大众化的外在形象抑制了她更高标准的追求，以及降低了她企业领导人形象的权威度，为此我从她的形象入手，让其形象与其能力、地位相符合，我相信这可以激发她释放被压抑了的潜能。"

果然如这位形象设计师所言，之后的梅雁都能以优雅干练、精神饱满的面貌出现在谈判场上，她总是能够自信地阐述自己的想法，而对手在这个焕然一新的 "女强人" 面前只能屈服。

同样一个人，因为形象的改变，不但让自己树立了信心，也让别人刮目相看。试想，如果梅雁一直不改变自己的形象，那么即使天生丽质又能怎样？

为此，我经常劝慰身边的女孩们，父母遗传给自己的，只能负责 18 岁之前的阶段，顶多管到 20 岁，20 岁之后，是美是丑可都要看你自己了。这也是我通过观察周围的人得出来的认识。我发现，那些美丽的女人都是时刻注重自己形象的，而那些不注重形象的女人，即使天生丽质，也会因岁月的侵蚀而黯然失色。

这是不是也正印证了"世界上没有丑女人，只有懒女人"这句至理名言呢？

所以，不要太把"天生丽质"当回事儿。当生命走到了 20 岁往上的年纪，女孩们可不要再指望"天生丽质"了。不管你漂亮还是普通，都要从日常的点点滴滴中注重维护自身的形象。就我来说，走出校门进入社会之后，不管在何种场合，我开始放弃小女生那种"卡哇伊"的打扮，而是追求整洁大方的着装和打扮。当然了，追求什么样的打扮，我们还要考虑自己的性格、气质、职业及所处的环境，要与这些相协调。这样才能与人们的审美要求相符合，才能与社交礼仪规范相符合，才能给人以美的享受。

另外，"由内而外"的美才是恒久的美。我建议年轻的女孩们在形象塑造方面，还要注意"由内向外"的美。开阔的胸怀、冰雪的聪明、优雅的谈吐、出众的才华、丰富的阅历，都会给人一种大家风范的从容、宁静、和谐之气，而这样的美来自心灵深处散发出来的光辉。

当然，美好的第一印象很重要。在与人接触时，第一印象会在别人的头脑中留下深刻的烙印，并且很难改变，这在心理学上被称为"首因效应"。因此，你要充分利用"首因效应"，第一次就要以好形象出镜，给别人留下美好的第一印象。

●●男人可以邋遢，但女人绝对不行●●

女人的美丽，多半不是与生俱来的，而在于后天的培养。暂且不论一个女人的长相如何，走出家门的时候，一定不能邋遢。暂且不管衣着是否时尚，穿在身上就要干干净净，清清爽爽，有女人的韵味。宋美龄女士应该说是全世界公认的美女，但从她的五官来看却算不上标准的美人，之所以人们觉得她美，就是因为她知道如何装扮和保养自己，懂得如何将自己的缺点遮盖起来而展现出自己最有魅力的一面。

但看看我们周围，现在有很多女性总会因为忙碌、懒惰等种种原因，而不在乎那些微小的细节，顺手抓过一件衣服套上就上街，也不在乎自己是否蓬头垢面。殊不知，当你开始邋遢的时候，你就已经慢慢失去了作为一个美女应有的态度了，甚至还可能会失去美好的爱情。就像台湾偶像剧《流星花园》里静学姐对杉菜说的那样："一个女孩子要时时刻刻把自己打扮得漂漂亮亮的，因为说不定哪个时候就能碰见自己的白马王子。"

翁倩毕业两年，现在在一家金融上市公司工作。2 月 14 日情人节快到了，办公室里的女同事们纷纷收到鲜花、巧克力等甜蜜的礼物，可翁倩却两手空空，她自嘲地和女性朋友说："看来我得做个大龄'圣女'喽!"

其实，在翁倩心里，非常期待一份美好的爱情降临。可她为什么在应该享受甜蜜爱情的年龄却只能望着别人的幸福而感叹呢?

原来，翁倩是个不够整洁、甚至有些邋遢的女孩。除了上班的时候收拾一下自己，别的时候都很随意，随便拿一件衣服就穿，更别说化妆什么的了。

结果，身边的朋友给翁倩介绍了男朋友，在交往一段时间后，人家就发现翁倩太过邋遢，有个男孩甚至说："没结婚就这样，那要是结婚后还不更邋遢呀！"

真正有魅力的漂亮女子，在任何时候都会极其注重自己的妆容，注意自己的整洁度。她们走在街上能够赢得别人的青睐和注目，靠的正是这一份对美丽的重视。

整洁干净是做美女的底线，甚至是做女人的根本。在其他条件相当的情况下，一个着装得体、干净利落的女人总会比邋遢的女人容易得到别人的喜爱。无论是职场还是情场，整洁利落的女人总能比邋遢的女人获得更多的机会。

其实这主要是"第一印象"带来的影响。英国形象大师罗伯特·庞德说："这是一个两分钟的世界，你只有一分钟展示给人们你是谁，另一分钟让他们喜欢你。"事实上，第一印象的建立就像在一张白纸上画画，美也好，丑也罢，画上了就难以抹去，甚至还会左右人的行为和判断力——人们往往会无缘由地将好感和支持给予第一印象好的人，可能是因为"爱美之心人皆有之"。如此看来，为了这虽然短暂但却至关重要的两分钟，女人们再也不要因为追求舒适而不在意自己的穿着打扮了。

人们都爱把女人说成是水做的。那么水做的女人天生就该清爽可人，干净明丽。身为女性，我们可以没有锦衣华服，可以没有胭脂水粉，但我们不能没有干净清爽的外表。女人一定要将美丽进行到底，不要拿没有时间、没有钱当借口，干净利落的外表和生活作风是不会花费很多钱和时间的。

不做邋遢女人，首先要整洁。邋遢给人的感觉就是脏乱差，如果不想给人这样的坏印象，就一定要让自己变得干净和整洁。名牌衣服、名牌包包、昂贵的高跟鞋、价值不菲的首饰等，这些都不是人生的标配，没有这些并不能成为邋遢的借口。也许衣服很朴素，也许居住环境有点老旧，但是，通过你用心的搭配、时常打扫，一样会给别人留下整洁的好印象。

不做邋遢女人，还要自重。这里指的是情感上的邋遢，一个自重的女人懂得哪些事情能做，哪些事情不能做，情感上不拖沓，不让人误会你的人品，才能成为一个受人尊重的女性。

如果你天生就是个不想过好日子的自虐狂，想被所有人遗弃，包括你的老板、你的同事、你的朋友、你的恋人、你的家人，你大可以不做改变，就将你的邋遢进行下去吧！

●●每一天，让自己进步一点●●

每一位女性在生活和事业上所取得的成功，都不会是一蹴而就的，它往往是一个相当漫长的过程。之所以有人成功，有人失败，多数时候并非个人能力高低的问题，而在于是否有超强的耐心和不断进步的毅力。但凡那些成就非凡的女性，都是在不断进步中逐步增强自身的本领，让自己越来越优秀的。也可以说，促使她们进步的，正是一天比一天努力。

中国有句古话："合抱之木，生于毫末；九层之台，起于累土。"无论做什么事情都要有一个循序渐进的过程，质变的飞跃离不开量变的累积。欲速则不达，想一蹴而就、一口吃成个胖子，肯定行不通。

当我们真的做到每天都进步一点的时候，我们就能感受到这一过程中的小小成就，与此同时，我们的自信心也会逐步积累。因此，我们就会不断地肯定自己，让自己获得强大的内心力量，也获得更多的资源和平台，从而进入卓越者的行列。

艾米是一个身材瘦小且貌不惊人的姑娘。同时，她还是个学历只有大专水平的姑娘。不过，幸运的是，艾米应聘到一家较有名气的外资企业任文员。

回想起刚进公司那段日子，艾米只想用"难熬"两个字来形容。当时，老板只把艾米当成个只会干杂事的小职员，不停地派些零七八碎的事情让她做，却从来没有表扬过她。

对此，艾米并没有抱怨，但她心里却已暗暗较起了劲。艾米自知自己学历低、经验少，但她不允许自己的人生这样"惨淡"，于是她除了把工作做得周到细致外，还不断地学习，只要有空就认真翻阅并琢磨自己所能见到的各种文件，她坚定地相信："只要我每天多学习一项业务，我就是好样的，有一点进步就是胜利。"

艾米就这样不断地坚持学习，不断地坚持进步，也不断地激励自己，一年后她对公司的业务可以说了如指掌，她的自信心也大起来了，这为她进入顺畅的良性工作循环状况做了坚实的准备。

从艾米身上显露出来的自信和专业，令她的老板刮目相看，不久就提拔她做了秘书，负责公司的日常事务。秘书工作需要协调各组的资源，帮助老板处理很多问题，还有很多事情要学，这一切都是她之前没有接触过的，怎么办呢？

于是，艾米又报考了职业培训班，风雨不误，她每天都会鼓励自己："今天我又学到了新知识，我是好样的，我会越来越棒的。"现在，艾米不仅成为了一个内心强大的人，还很有影响力。老板不但完全肯定了艾米的工作能力，而且有时还愿意听从于她的"发号施令"。对于自己的成功秘诀，艾米给出的答案是："没有什么，就是每天进步一点。"

想要像艾米一样每天进步一点，我有几点建议可以给大家参考。

1. 要有一个明确的目标

目标就像灯塔，为我们指引了正确的方向，只有沿着正确的方向才能最终获得成功。没有目标的前进不仅会动力不足，就算每天都在进步，但因为方向不明确，最终也难以取得成功。

2. 制订一个长远的计划

有了明确的目标后，可以为自己制订一个长远的计划，然后根据计划来达成阶段性的目标。

3. 分割任务目标

分割任务到每一天，按照计划一步步执行，每天进步一点，终有一天能得偿所愿，获得成功。

任何一个女性的成功都绝非偶然，都需要付出艰苦卓绝的劳动。如果你感叹自己还没有成功，那么不妨审视一下，很可能是自身某些东西的积累还不够，没有量的变化又怎么会有质的飞跃呢？所以，要想取得理想的成就，收获美满的人生，我们务必要对自己狠一点，克服自己的惰性和依赖心理，让自己在每天的小进步中积累大的飞跃。

●●不断学习，常给自己 "充充电" ●●

上进是不分年龄的，一旦有了明确的目标和方向，就必须实施行动，勉励自己时时努力。学问大多都是经由日积月累的学习、努力、成长而堆砌出来的，只要有心，永不嫌晚，有什么比"起而行"更为重要呢？

在离德国科隆不远的西比希城，约翰娜·玛克司夫人在当地也算得上名人了。1994 年，当时 70 岁高龄的她，经过漫长的 6 年终于完成了学业，并且还以优异的成绩获得了科隆大学的教育学硕士学位。9 年之后，玛克司夫人又完成了题为《如何度过晚年，学习使老人永远充满活力》的博士论文，由此，她又获得了科隆大学的教育学博士学位。小城的市民们，无不对这位孜孜不倦的老人赞叹不已，由此她还当选为该城"最伟大女性"。

我们可能早已经对"学海无涯苦作舟"、"活到老，学到老"的陈词滥调熟视无睹了，但是不管怎么样，这最朴素的语言同样告诉我们：学习是永无止境的。每一个女人都应该像约翰娜·玛克司夫人一样，不断地学习，不断地充实自己。

就像对待一份爱情，当你用尽你全部的心力来充实它的时候，不知不觉，你就会发现，你对爱情的态度，已经成为一种习惯，并且刻骨铭心。学习同样如此，对于女人来说，学习的最好态度就是将学习作为一种终身信仰，这里无关乎宗教，无关乎哲学，只为让自己变得更有自信，让自己的生活多一种选择的可能，让自己的生命看起来像一幅美不胜收的风景画。

小雨是刚从旅游学校毕业的学生，毕业之后，小雨去了一家旅游公司做导游，在公司里面，她的业绩是最好的，她出色的工作表现也多次受到经理的表扬。

闲暇之余，小雨也并不是无事可做，她并不像许多女孩子一样，将大把的钱都投到化妆品和高档的衣服上面，她有自己的想法和计划。

她给自己报了一个舞蹈班，每星期五的晚上她会准时出现在舞蹈教室。另外，星期天她也给自己做了新的安排，她报了一个韩语辅导班，因为很多游客都是韩国人的关系，小雨觉得很有必要在这方面下点功夫。接下来，小雨就开始马不停蹄地工作、学习。

有同事劝她："何必把自己搞得那么累，没事的时候逛逛街，趁着年轻也享受一下。"

"我从来都没有感到过累，我觉得自己活得很充实，在我看来，这不是一种负担，更像是一种信仰了，我相信，不久后，我的未来会更加美好。"小雨充满自信地说。

5年之后，小雨去了法国的巴黎学习服装设计，用了3年的时间，小雨成为了小有名气的设计师。

在自己买的房子里，种着小雨最喜欢的紫罗兰，在有阳光的日子里，坐在院子里小雨以一个自由撰稿人的身份在为一个专栏写稿子……

无论如何，小雨在不断的学习中，也在不断地为自己寻找下一种可能，她的生活状态既踏实又富足。

充电、学习，再充电、再学习，现在这种学习模式已经被很多女性朋友所接受，既可以使自己在以后的职业生涯中多一份保证，又能让自己无所顾忌地去实现自己的梦想，何乐而不为呢？

1. 要有稳定的工作做后盾

大学生活的结束意味着你不可以再任性挥霍，意味着时间一去不复返，意味着你要对自己的不用功付出代价了。在很多人看来，只有现实才能让你的幻想乖乖就范，所以在无情的现实面前，很多人又开始学习，报考辅导班。其实，这样做往往没有太大的作用，因为你根本没有深入考察你适合做什么，毫无目标的学习通常是"蛮学"，是起不到立竿见影的效果的。所以，放下"高不成低不就"的架子，先仔细考虑自己适合在哪个行业发展，然后大胆地去面试，为自己找一份合适的工作，从头做起，为自己的未来厘清头绪，知道应该在哪些方面为自己充电，然后再全身心地投入进去。

2. 好好利用你的业余时间

很多女性朋友的业余时间不是凑在一起三五成群地逛街就是围着围裙在男朋友的厨房里实习"家庭主妇"的生活，但是这样的生活模式不会为你的人生带来丝毫的惊喜。你可能一直期盼着领导能对你委以重任，你可能一直都担心有学历、有背景的他会在哪一天见异思迁，你可能正想让自己变得更有行动力、更有自信一些，那么不妨给自己报一个辅导班，趁周末好好地给自己充一充电，让自己做主自己的生活。

3. 让自己的梦想不再单一

一个纯粹为过日子的女人也就只能找一个会过日子的男人结婚，然后养儿育女，平平淡淡地过完一生。但是很多时候，我们的生活不仅是为了生活。我们应该让自己的梦想分几个叉，这样，你就会有源源不断的动力让自己投入学习中去。事实证明，有梦想的女人生活也必然多姿多彩。因为她们懂得真正能让生活眷顾你的不是你所拥有的东西，而是你不断去追求的东西，这些会带给你更多的惊喜。

●●停止习惯性的"压力山大"●●

压力山大，压力山大，还是压力山大！这 4 个字似乎成了现代人说出或者听到的高频词了。当今时代，随着社会竞争越来越激烈，几乎每个人都压力倍增，不安的感觉也越发强烈。

为了摆脱这种不安，我们习惯了让自己投入忙碌之中，一旦放松下来，便会有一种 "吃了 25 只老鼠——百爪挠心" 的感觉。于是，我们喜欢并习惯了把日程排得满满当当，手里的活儿总是越干越多，但这些能让我们从中得到一种自我安慰。某周刊编辑部主任萱萱就是其中的一个。

周围的朋友对萱萱的评价只有 3 个字：工作狂。同事们都开玩笑说："萱萱就是为工作而生的！"

事实的确如大家所说，在萱萱的一天 24 小时里，有一半以上的时间都在工作。按说周刊并不是特别紧张，但是萱萱却从来不让自己闲着。她既要外出采访，还要写稿子，又要编辑版面，而且经常要比其他同事多做一些。除了这些，萱萱还得审核所有的版面。这些基本的工作就已经够她忙的了，可她还在工作之余为自己找一些 "私活"，比如给公关公司写点软文，给企业做个方案什么的。

繁忙的工作让萱萱形成了一个习惯，每当早上一睁开眼睛，她就开始密切关注自己的手机。到了报社，她就立刻给一个又一个采访对象打电话，筹划着和他们的见面事宜。忙活一天之后，到了晚上，她还要伏案写稿子。

每到周末，同学朋友们约她一起玩，她也总是回应一句："事情太多了，走不开，回头再聚啊！" 时间一长，大家都不肯再约她了。而她却依然整天沉浸在忙碌里，"忙" 成了她生活中的必需品。

萱萱这样 "忙" 工作，已经跨入而立之年的她竟然连男朋友都没时间谈，这可急坏了萱萱的妈妈。妈妈到处托人给她介绍对象，可她总是推脱不见。最终，她畏惧妈妈的强大 "权威"，只好见了一个。可是，和对方相亲的地点竟然是在萱萱的办公室里！

面对这番景象，这个约会对象只好"知难而退"，一般男人都不敢讨这样的"精英"老婆。

萱萱的现象不是个案，看看我们周围，有多少人就像她这样把忙当作生活的"必需品"。在她们看来，"忙"说明自己很重要，人们都迫切需要自己。于是，她们要努力使自己"忙"起来，不管这"忙"是否有必要。

这样的心理，在心理学上有一个名词来形容，叫作"压力成瘾"，也就是习惯性的"压力山大"。这些女性往往是每时每刻都沉浸在忙碌中，当她们休息的时候，会感到紧张、不知所措，或者索然无味。即使她们外出度假，短短几天的休息时间，她们也会心烦意乱，甚至在泡着温泉的时候还在脑子里制定明天的日程表。

也许你会问，难道这些女人这么喜欢忙碌吗？她们对于这样的生活感到很快乐吗？

实际上，并非如此。虽然表面看来，她们是那么"热爱"忙碌，总是马不停蹄，可我们要知道，忙碌的背后其实是她们加给自己的诸多压力，没有人能够在压力之下活得轻松愉快。她们之所以把忙碌当成"习惯"，很可能是因为产生了心理上的强迫症。

那么，有没有办法解决这种过于依赖压力的状况呢？在此，我们为女性朋友们提供了几个方法，如果你也有类似状况，不妨借鉴一下：

首先，我们可以利用工作和生活的间隙给自己放个"迷你假"。不可否认，在竞争激烈、快节奏的城市里生活，很多人都容易患上一些心理上的疾病。所以，我们有必要让生活回归合理的节奏。至于如何实现这一点，我们可以通过业余实践，多为自己找一些放松内心的方式。比如，你可以在周末的时候去郊外亲近大自然。当美丽的风景扑面而来时，你会惊异地发现：你的身心完全融化在花香、鸟语、山川、河流之中。

其次，我们可以多和家人、朋友们相处，在相处过程中，大家通过交流、彼此关心而增进感情。同时，也有利于自己体味生活中的点点滴滴，从而感受到生活中美的一面。

最后，适当娱乐、运动、读书和听音乐也都可以减轻部分紧张情绪。

总而言之，只有我们消除了这种降低我们生活质量的习惯性的 "压力山大" 症状，我们才能真正体会到工作的快乐、生活的快乐。

●●告别懒惰，勤奋的女人有魅力●●

当今社会，从个人到集体，从团队到企业，每个个体都身处于竞争环境中。一家企业必须在市场上与同行竞争，以求生存；一个团队必须齐心协力，开拓创新，才能完成任务；一名员工必须与同事竞争，证明自己更优秀，以求得更好的发展……同样的，一个女人必须要活得更加自信和潇洒，让自己充满魅力。

那么，怎样才能实现这些愿望，成为竞争中的大赢家呢？答案是勤奋加自律。

勤奋之人会时时刻刻鞭策自己，从而加快脚步，凡事 "快" 人一步。当你跑在别人前面，想要不被注意都很难。

不得不说，如今有不少年轻女性无论在工作还是生活中，都太过懒散。我们可以回想下，看看自己有没有过类似的情况：表面上看起来，你总是第一个上班，最后一个下班，却看不见工作成果；别人花半天时间就能完成的任务，你却要花上整整一天，甚至两天。

为什么同样的工作内容与环境，同事的业绩要比你好很多？对于这个问题，你不必困惑，也不必愤愤不平，这很可能是因为你太缺乏自律导致的。当别人在工作岗位上埋头苦干时，你拿起手机一会儿发个朋友圈，一会儿上QQ聊天；当别人马不停蹄地为完成任务奔波时，你也假装很忙碌的样子，一会儿去趟卫生间补个妆，一会儿趁老板不在描个眉。如此下来，工作效率怎么能提高？

工作中不自律的女性，在生活中就更加懒散了。工作一天回到家，将高跟鞋一甩，漂亮的包包一扔，便懒散地瘫倒在床上，手中还不忘自拍两下发朋友圈。再看周围环境，不大的一间房七零八落地挂满了衣服，床上被褥不整，地上左一只右一只散乱着各种样式的鞋子。每天告诉自己，今天太累了，明天再收拾，结果明日复明日，一天又一天过去了，房间俨然变成了"垃圾站"。试想每天从"垃圾站"走出来的女人，又有什么精力和能力去比别人快一步，比别人更勤奋一点。

20年前，陈彤和老公从四川老家来到深圳创业。刚刚从山里走出来的陈彤突然来到这个繁华的大城市，觉得一切都不适应，跟不上人家的脚步。

陈彤虽然没有什么文化，但她明白一个道理，早起的鸟儿有虫吃。陈彤和丈夫一商量，决定白手起家，从送盒饭开始。他们在深圳市区偏僻的角落租下了一间小小的门面，小到只能放下四张小餐桌。

深圳是个不夜城，许多店家都是上午10点甚至12点才开始营业，只有陈彤坚持每天早晨7点营业，一直营业到第二天凌晨1点。每次收拾完毕睡觉时已经是两三点了，就这样陈彤和丈夫十几年如一日，没放过一天假。

由于睡眠不足，陈彤的眼圈常年漆黑，其中艰苦是别人无法体会的。但是，陈彤没有抱怨过一天，她深深知道，只有自己比别人快一点、勤奋一点才能生存。

就这样，陈彤从送盒饭起家，逐渐将店面扩大，生意兴隆后又开了几家分店，生意越做越红火。人家靠的是和气生财，陈彤靠的却是勤奋持家。

这些年，陈彤坐堂指挥管理，老公采购进货，一直都忙得没有白天黑夜。人家不送早餐，陈彤家却从早上 7 点到第二天凌晨 1 点，随叫随到，不管什么时候叫餐，客人都能得到周到的服务。

正是这股子拼劲，才让陈彤家的餐厅人气爆满。就这样，经过十几年的奋斗，陈彤不但在深圳落了脚，还一下子买下两套房，女儿也已经大学毕业，进了银行工作，后来跟一位同事恋爱结婚，生活美满幸福。

在女儿的劝说下，已经白发苍苍的陈彤夫妇决定关掉门面，结束生意。不过，闲下来的陈彤也不愿虚度光阴，她知道一个女人要想始终保持优秀和美丽，就必须让自己勤奋起来。生命本身有很多种滋味，只有用不息的激情去创造生活、体验生活、追求生活，才能找到幸福的真谛，实现人生的价值。

近两年，陈彤参加了舞蹈队，凭借着勤奋和聪慧，她很快就能跟着音乐跳三步、四步、伦巴、恰恰、探戈等，而后她又学习了民族舞。后来，她还参加了社区腰鼓队学打腰鼓。现在，每天早晨都能在广场上找到她的身影，到了晚上她又去跳民族舞，样样都练得很出色，成为了几支队伍中的骨干，娱乐健身不亦乐乎。

如今，陈彤的老公全身心支持她，女儿女婿孝顺她，她觉得自己幸福无比。

连小学生都知道只有好好学习，才能天天向上。作为成年人，要想创造幸福，就一定要告别懒惰，勤劳致富。陈彤女士就是后者最直观的一个例子。她的成功之处，就在于她懂得勤奋、自律，她没有城市人优越的条件，有的只是山村人的勤奋，因此只能通过自律来严格要求自己更加勤奋一点。

现代女性如何告别懒惰，做一个勤奋而有魅力的女性呢？

1. 头脑勤奋

头脑勤奋，生活就会充满阳光。现在科技日新月异，勤奋的女人已经不局限于屋里屋外、洒扫庭院这些家务活儿上了。除了通过劳动使自己和家庭都整洁外，现代女性还需要不断地武装自己的头脑，对新鲜事物多了解、多学习，跟上时代的步伐，不被时代抛弃的女性，生活才会充满阳光。

2. 观念更新

世上没有女人就该在家享受生活，等待男人挣钱养家的道理。女人通过自己的努力同样可以实现人生价值。只要对自己狠一点，自我克制能力强一些，少一些懒惰，多一些勤奋，女人甚至可以做得比男人还要优秀。那些以事业为重的"女强人"都算得上是勤奋的魅力女性。

所以，让你我勤奋起来，告别懒惰，在追梦的路上挥洒汗水，假以时日，必定能过上自己想要的生活，成就与众不同的人生。

●●学会独处，试着和寂寞跳支舞●●

群居是人的重要社会属性，似乎没有人愿意感受孤独、寂寞的滋味。但是生活哪有那么多的得偿所愿？我们往往需要一个人面对偌大的空间，或者一段或长或短的时光。比如，你的男友还没出现或者离你而去，或者临时出差；你的闺蜜要去陪她的男友，那些单身的玩伴突然之间全部有事……总之，在生活中我们每一个人都难免有一个人孤孤单单的时候。

此时的你，会不会倍感孤单？从未感受过孤独和习惯寂寞的你，会不会不知所措，以致出现焦虑和浮躁？看看我们生活的周围，这样的女性并不鲜见。

桃子的男友又出差了，百无聊赖的她打电话给好友阿敏："你周末陪我吧！我男朋友出差去了……" 每次桃子的男朋友一出差，她就会像搬救兵一样把阿敏叫到自己家里来，理由很简单：每当独自在家，她都会莫名地空虚和焦虑。

朋友阿敏是个很讲 "义气" 的闺蜜，她每次都把手边的事情放下，满足桃子的意愿。但是这次，她的婆婆生病了，做儿媳的怎么能够 "临阵脱逃"？于是，阿敏就抱歉地对桃子说："桃子，我不过去了，你自己看看电影、听听歌不是很好吗？要开心哦！"

好友不能过来陪伴自己，桃子深感无奈。一个人在家，桃子惆怅极了，她不知道该干点什么，仿佛自己被全世界抛弃一般。想到这里，桃子那委屈的泪水便 "啪嗒啪嗒" 地掉了下来……

看完桃子的故事，回想一下自己有没有过类似的经历？有没有过害怕独处的时刻？

网络上有一句名言，叫作 "人多时守住嘴，独处时守住心"。这句话就是告诉我们，在热闹的场合不对别人妄加评断，在独处的时候不任由寂寞蔓延，仍然要保持积极的正面心态，不被负面情绪所影响。

坦率地说，和男人相比，女人的独处功力略逊一筹。探究其背后的心理原因，我们发现，一方面，女人天生情感细腻，善解人意，也乐于跟别人分享，加之她们先天敏感的特质，缺乏关注对象更易焦虑，因此，她们喜欢跟人在一起交流，目的就是希望能通过交流获得更多的信息，来反复确认自己的讨人喜欢程度。另一方面，一个特别害怕独处的女人，其依赖性往往是比较强的，她的自我意识也不健全，因而人格思想也就无法真正成熟。这样的女人活得很狭隘，没有自我空间，心理越来越贫乏，生活自然也不会好到哪里去，很难得到别人的欣赏。

既然如此，我们何不让自己摆脱独处的恐惧，提升独处的能力呢？就像一位作家所言："有些时光，需要一个人度过；有些路，需要一个人走。我们不妨学会独处，试着和寂寞去跳支舞……"

实际上，一个人的世界可以很落寞也可以很精彩，即使一个人，你同样可以让自己"嗨翻天"。我们一起来学学《好想好想谈恋爱》里的谭艾琳吧！

谭艾琳是一位有才华、有思想的女人。她优雅清高，品位不俗，自己开了一家书吧，供有品位之人聚会消遣，平时亦喜欢写点女性文章。

她的爱情也随之悄然降临。一个叫伍岳峰的男人打动了她，但伍岳峰对她始终若即若离，周而复始。这让谭艾琳一个人拥有了太多独处的时光：无聊的假日、空旷的寓所，没有人打扰、没有人陪伴、没有人分享。但是，爱情的力量却让她的心产生了深切的愉悦感和满足感。空闲下来的时候，谭艾琳享受着悠扬的音乐、精致的菜肴、奢华的红酒……一个装扮美丽的女人坐在桌旁，自斟自饮，享用所有的美味，她看起来是那么快乐和满足。一时间，倾倒众多男性观众。

通过这个故事我们可以感受到，独处的方式因人而异，有的人可以获得身心的愉悦，有的人则心情变得糟糕，选择怎样的方式是你的事。

不过，一个懂得爱自己的聪明女人自然应该挑好的来做，诚实地面对自己的内心，用独处的时光照顾好自己。

英国女作家伍尔芙说过，女人要有一间完全属于自己的"屋子"。何为"自己的屋子"呢？就是属于你自己的独立时间，在独立时间你有完全的支配权，它只属于你一个人，你爱怎么用就怎么用，你可以胡思乱想、为所欲为。而独处正是这样一种淡然从容的生活态度，女人学会独处是一种进步，是一种成熟，是一种理智。

想要快乐的独处时光，我有两点建议给大家参考：

首先，独处时不消极。消极是一种负面情绪，会肆意放大你内心的"恶魔"。所以，当你面对独处时光的时候，不妨告诉自己，这正是你最应该放松的时候。正所谓宁静以致远，一个人的时候，正是跟内心对话的最好时机。在独处时，我们才能从他人、工作、烦恼中抽身出来，让心灵融入自己的灵魂，聆听内心最真实的声音，真正形成一个相对自足的内心世界。

其次，不妨做一些繁忙时没时间做的消遣活动。独处如此美妙珍贵，聪明的你又怎么可以放弃这样的优待？充分利用独处的时间，阅读一本书，看一场电影；整理一下衣橱，试遍所有的衣服，或者做一次房间兼空间的大扫除。独处虽有些寂寞，但寂寞中却又有一种充实。

总之，独处时，你可以真正地做自己，不需要为工作烦恼，也不需要为不喜欢的人伪装自己，你只需要彻底放松自己，享受其中就好。当你享受其中的时候，你就会发现，原来独处的时间过得如此之快，之后你会期待更多的独处时间。

●●不妨来点"阿 Q 精神"●●

面对不开心，如果一直被悲观情绪笼罩，就很难从中走出来。相反，若是能多往好处想，哪怕是自欺欺人的"阿 Q 精神"，也是帮我们走出心理困境的不错方式。

在社会稳定、经济高速发展、人际关系更加精妙复杂的现代，适度的"阿Q精神"可以成为医治心理疾患的良方。就连一位就读于哈佛大学的同学都表示，当自己面对学习中的巨大压力时，就会想办法给自己找个出口，安慰一下自己。的确，如今人们面对工作和生活的巨大压力，一点点小小的不顺遂都可能造成内心压力骤升，让人倍感疲惫。这时候，一点"阿Q精神"的自我安慰说不定可以让我们重获内心的平静，可以让我们有更平和的人际关系，在平静的内心和平和的人际关系之中，我们生活的世界也会光明起来。

有媒体报道，美国前总统林肯就有着非常典型的"阿Q精神"。有一次，一位议员当众羞辱了林肯。林肯非常恼火，回家后气得连饭都吃不下，于是他摊开信纸，给那位议员写了一封长信，他用最尖酸、最刻薄的语言将对方骂了个狗血淋头，然后才上床睡觉。

第二天早上，部下要将信发出去，林肯却将那封信撕了。部下迷惑不解，林肯笑着解释道："我在写信的过程中已经把那个议员骂得很重了，好好地教训了他一番，气也出了，何必再把它寄出去呢？"

人人都明白，若失去内心的平静，做事就难免偏颇，然而不平则鸣却也是天性使然。当觉得受了委屈、遇到不平等待遇时，谁都难免心生不快。若将情绪发泄出来，就既破坏人际关系，又将更大的不快加于他人；若闷在心中，就心气难平，甚至郁郁成疾。于是，适当的"阿Q精神"就成为保持内心平静的灵丹妙药，也成为保持良好人际关系的重要法宝。

我们需要清楚的是，在现代社会，"阿Q精神"远不是过去那个自轻自贱、以丑为荣的虚幻胜利法。它包含了理解、让步、宽容等一系列健康的心理过程，并借此达到"怡然自得乐，潇洒对人生，淡泊以明志，豁达心宽容"的境界。

带一点 "阿 Q 精神"，你会发现，内心重新被灌输了平静的力量，心中的怒气得到了平息，从而能够潇洒自信地避免各种不必要的冲突。因为可以劝服自己，所以不会轻易被煽动，不会轻易发怒，不会有失公允。于是，在这个信息爆炸、流言纷飞、瞬息万变的世界，只要我们具备一点 "阿 Q 精神"，就可以守住一片宁静安定的空间，就可以守住一颗纯净安然的心。

玛利亚是一位百岁的健康老人，晚辈们常喜欢和她聊天。有一次，玛利亚对他们说："人活一辈子，不可能什么事都如意的，有些事情既然已成事实就不可以改变，你唯一能做的就是控制你的想法。我可以告诉你们，遇到事情多往好处想，那么所有的事都会是好事。"

晚辈们听了很诧异，其中一个问道："假如您一个朋友也没有了，您会认为是好事？"

"当然，我会高兴地想，幸亏我没有的是朋友，而不是我自己。"玛利亚回答。

"当您走路时突然掉进一个泥坑，弄了一身泥泞，您会认为是好事？"晚辈又问道。

玛利亚看了看这个晚辈，笑了笑说："是的，幸亏掉进的是一个泥坑，而不是无底洞。"

这位晚辈仍不甘心，继续问道："如果遭了车祸，撞折了一条腿呢？"

"大难不死必有后福，有什么不好呢？"玛利亚爽快地回答。

晚辈还是不死心，接着问道："假如您马上就要失去生命，您还会认为是好事吗？"

玛利亚不紧不慢地回答道："当然，我快快乐乐走完我的人生之路，接下去没准要参加另一场宴会呢！"

就这样，玛利亚的世界里似乎永远没有 "完了" 的事情，事事都如意，她每一天都生活在快乐之中。

你一定也想做一个快乐的具有"阿Q精神"的人，那么最重要的是要有一颗豁达的心。

日本政治家德川家康说："人生不过是一场带着行李的旅行，我们只能不断地向前走。在行走的过程中，要想使自己的旅途轻松而快乐，就要懂得沿途抛弃一些心灵上的包袱。"没错，世上有很多事都有利有弊，事情本身并没有绝对的好和绝对的坏，到底如何完全在于我们自己怎么想，怎么看。如果我们常带着一种"阿Q精神"来面对，那么就会发现曾经以为的坏事远远没有自己想象的那么糟糕。如果你的心不纠结于一些"牛角尖"，适时地选择原谅，对周围的人豁达和宽容，你会发现生活其实很美好。

此外，具有"阿Q精神"的人对待生活都比较积极。实际上，任何人的一生都不是一成不变的，有好事也有坏事。只是那些消极的人总是提早绝望，这就为接下来的失败埋下伏笔；而那些有着"阿Q精神"的人，则能怀着积极乐观的心态，把事情往好处想，结果使自己的人生变得绚丽多彩，也为成功做好了铺垫。后者的心态和行为，才是真正爱自己的，难道不是吗？

人的一生很短暂，在人生的路上我们都会遇到很多人、很多事，不要太过在意很多烦恼，心理背负的包袱过重，我们就会错过人生旅途的很多美丽风景。像阿Q一样，不给自己的心灵设置枷锁，豁达开朗地面对一切，你会发现，世界真的很美好，人生真的很美好。

第 **5** 章

仪表——看得见的"引力"

女性们大多曾接受过这样的教育："不要太追求外表美，要努力做个有内在美的人。"以貌取人，一直以来都被视为肤浅、庸俗的行为。然而，在这个充满竞争的时代，我们不得不承认，女人的第一印象与外貌脱不了干系。

●●穿衣有道，打造属于自己的韵味●●

在现实生活中，当你面对眼花缭乱的众多服饰时，是不是有一种无从着手的感觉，不知哪种款式更适合自己？有时候，明明别人穿起来很漂亮的衣服，穿到自己身上却不够好看，甚至有些不伦不类。

这时候，你先别着急抱怨自己没有无可挑剔的完美身材，想着减肥或者整容等。要知道，每个女人的身材都有自己的特殊性，即使是那些 T 台上的时装模特儿，她们的体型也不是十全十美的。

其实，穿着打扮看似简单，却是门很深的学问。穿衣也是有道的，衣着的整体效果都是搭配出来的，即根据你的体型条件加以选择，使服装起到遮丑扬美的作用，就能轻轻松松打造出属于你自己的韵味。

女人穿衣有 3 种境界：一是只见衣服美，不见佳人靓。这类女人被衣服喧宾夺主，仅仅是衣服看起来很美。二是衣美人美，大多女人能达到此境界，可都美就显不出谁是"主"。三是感觉人美不知穿新衣，这是最难达到的境界，也正是韵味所在，即人和衣服实现了和谐的统一。

一般来说，女性身高为 168 厘米，体型匀称的女人穿什么都很好看，但是瘦小体型、高大粗壮体型、瘦高体型、矮胖体型女人怎么办呢？这就需要我们根据自己的体型，掌握最适合自己穿衣打扮的要领，那要如何做呢？

1. 瘦小体型女人的穿衣之道

瘦小体型一般是指在同等身高人群中体重与平均体重差距较大，通常身体曲线基本是直的，窄肩窄臀的人。

如果你属于这种体型，服装的主体线条应避免由生硬的款式所带来的垂直条纹和垂直结构的线条，以及太窄、太紧身或过于宽大的衣服；裤子应避免直裤腿，裙子应避免紧身、筒式、不带腰带的款式。最好在服饰上适当加一些大而有特点的口袋、俏美的褶边等，可以让你看起来丰满一点；在颈线、腰线处采用水平线条。

同时，在颜色选择上，要选择明亮的色彩及纯度比较高的色彩，这些颜色有扩张视觉的效果，使人的体态显得更丰满，而且充满生气和活力。

2. 高大粗壮体型女人的穿衣之道

一些高大粗壮的女性经常因为自己的体型而苦恼，总觉得穿什么衣服都不好看。实际上，只要注意以合适的衣饰来陪衬自己的体型，穿着得体，你照样可以很美丽，而且给人留下强劲、开朗、潇洒的好印象。

这种体型要绝对避免紧身裤子，或者结构和装饰复杂的服装款式，那样只会暴露缺点。穿式样简单、偏灰暗色彩的打褶裙子或长裤，在款式上应以上下分离的套装为主，即上衣与裙子的颜色不同，这样就对人体进行了一次总体的分割，缩小了整体的面积。

3. 瘦高体型女人的穿衣之道

身材苗条、胸部中等或较小、臀部瘦削扁平、腹及大腿旁没有赘肉的瘦高身材应该是比较理想的体态，在着装上的忌讳也比较少。但过于瘦弱会显得不够健康，个子很高也缺少亲切的感觉。

如果你想要改变这种印象，穿衣时要注意避免穿过于紧身而缺乏变化的服装款式，在衣服上适当加一些花边、翻边、波浪边、泡泡袖等装饰，都会减弱过于细长的感觉，能起到扬长避短的作用。当然，和瘦小体型女人一样，衣服选择亮色为好。

4. 矮胖体型女人的穿衣之道

如果你是这种体型的女性，要避免穿大衣领、袖口大反褶、大反领、大纽扣、大口袋等设计，或者横条纹或格子图案，以及宽大裙脚和向外展开的衣服，因为这些只会使人感觉你既矮又胖。另外，不要把衬衣扎在裤子里，将身段分为两截更显得矮小。

外套要以合身为宜，上下身色彩要相同，凸显身材的高度。裙装的裙褶要尽量平顺地向下垂，针织面料的衣裙都有拉长身材的作用。要选择直线条的衣裤，尽量把裤子做得稍长些，让裤腿遮住脚后跟，这样也可弥补身材矮小、肥胖的不足。

除了上述 4 种体型外，我们每个人都会有一些体态的不理想之处，比如，腰腹突出、腿部粗壮、臀部较大等，这些都是穿衣的难点。不过，你只需花一点心思，掌握一些穿衣的小技巧，同样可以美丽动人。

腰腹突出的女性，形状就像一个梨子，往往形成腰线提高的效果，也就是变得上身较短。适合穿宽松的上衣，复古的花衬衫配上长外套，或者打褶的长裤配上宽大的夹克，长度以遮住臀部为宜，可以转移对腰部的注意力，使腹部有缩小感。

腿部粗壮的女性，不宜穿紧身的健身裤，一定要穿长裤，裤管要稍宽松，尽量穿裙子，盖过膝部的直筒形、大摆裙都是可以穿的款式，注意要以素色裙或裤为主，最好穿高跟鞋，这样可以使腿部看起来较为修长。

臀部较大的女性最适宜穿斜裙，斜裙会使臀部的线条显得更加柔和。类似燕尾的裙子（前面较短，后面较长）也很适合。穿马裤效果也不错，且上身最好穿可以遮住臀部线条的上衣，马裤可以掩饰臀部的线条，使你显得更可爱。

总之，女人穿衣打扮的美丽是靠自己创造的。只要我们能正确认识自己的优点和缺点，依据自己的特征去选择服装，就能修饰身体部位的不足，就能装扮出优美而靓丽的形象，让美丽处处得到完美彰显。

检视一下，你的衣服选对了吗？

●●每个女人都有自己的专属 "颜色" ●●

说到女人从平凡到美丽的秘密，不同的人有着不同的答案。然而，从一个纯女人的角度来看这个问题，答案无非两个字——色彩。我们无法想象，失去色彩的世界将是如何苍白；我们同样无法想象，失去色彩的女人将是如何黯淡。这个世界从来不缺乏色彩，缺乏的只是对色彩的认识和运用。

正如荷兰后印象派画家梵高所说：　"没有不好的颜色，只有不好的搭配。" 而在最能体现人敏感、多情的特性并与人的形象息息相关的穿着方面，色彩几乎可被称作服饰的 "灵魂"。

有个女孩，身材很好，身高也适中，腰细腿长，许多衣服她穿在身上都曲线毕露。但就是一点，怎么都体现不出她独有的特质。后来，一位色彩顾问告诉她，问题不在于衣服的款式，而是衣服的颜色不亮——她平时喜欢穿带点紫的红色，带点咖啡的绿色，带点粉的蓝色，带点褐的黄色，带点暗格子的灰色……整个人看上去面目模糊，混浊一片。

当她听取色彩顾问的意见后，她神奇地发现，自己似乎在一夜之间魅力大增。那天早上，她来到办公室，同事们都说她今天气色比昨天好，也比昨天漂亮了。当大家都在研究她是不是换了什么新的护肤品的时候，一位要好的女同事发现，原来她换了一种不曾穿过的颜色。一整天，她的心情都格外开朗，同事们也都因为她的美丽而愉悦起来。

女孩突然明白，这就是颜色的魅力，它真的可以轻松地改变自己和周围的人。

或许很多女性不愿意相信，自己喜欢的色彩不一定适合自己。换句话说，如果你想让自己成为一个自信满满的女性，那么就努力寻找真正属于自己的颜色吧！在此，我们就和美女们谈一下选择色彩中的几点要领。

通常来讲，我们先要选择符合自己性格、气质、风度的色调：红色热烈、黄色高贵、蓝色沉静、绿色和平、白色纯洁、黑色庄重、灰色典雅……可以说，不同色调的不同组合，其含义也就大为不同。

当然，在我们的身上，服饰通常不是由某个单一的色彩构成，而是由许多色彩相互搭配而成的。现在我们就来看看颜色搭配中的一些秘诀。

1. 同种色搭配

这种搭配形式指的是，用同一色彩中明亮度不同的色彩来进行搭配与组合。

简单来说，就是同一色系中的各种颜色，根据深浅程度不同来进行配色。一般来说，如果一套衣服上下颜色一致，会给人一种严肃、规范的感觉，而且也显得单调。如果在颜色深浅上做一些文章，那么视觉效果就会好很多了。

我们留意一下就会发现，在服装配色中，这种同色相配合以及同系配合的运用是比较多的。需要我们注意的是，在进行这样的搭配时，一定要掌握好颜色的明亮程度，如果明亮度太接近往往会显得服装陈旧，而明亮度相差太大则又显得过于强烈。

因此，在搭配时，我们要尽量做到服装的明亮度与颜色在服装上所占的面积差成正比。比如，上下装面积差较小的时候，我们可以选择明亮度差别小一些的搭配；当边条与正身的面积差较大时，那么明亮度差别就需要大一些了。

2. 相似色搭配

这种搭配是指用色谱上相邻的颜色进行搭配的方法，比如黄配红、绿配蓝、白配灰等。通常来讲，运用相近的色彩配色，自由度较大。因为它与同色搭配的形式相比，显得丰富而有变化。也正是由于这个原因，相似色搭配要比同种色搭配难度大一些。

我们知道，服装的整体色首先会反映在占主要地位的色彩上，也可以说它是服装的基调。我们需要根据服装的用途、场合等来选择冷色调还是暖色调，选择华丽还是朴素的色彩，服装的整体色应包含其余局部色。同时，局部色要服从于整体基调，利用色相、明度和纯度的对比，起到突出基调的烘托作用。

生活中，有不少女性倍感困惑：为什么这个颜色或款式别人穿就好看，而自己却穿不出那么棒的效果呢？仅仅是因为身材吗？其实不然。除了身材、气质等自身因素外，还有我们每个人皮肤色彩的关系。所以，我们在进行服装配色的时候，不但要注意服装的色彩搭配，还要注意服装颜色和自身皮肤的色泽是否适合。通常来讲，与暗色相比，鲜亮一些的色彩更能够增加我们肤色的亮度。另外，亮丽一些的色彩往往更能够渲染气氛、愉悦心情。

我们要相信自己，只要选择适合的色系，就能穿出特色来；每个女性都有属于自己的色彩；我们要想在短时间内拥有耀眼的魅力，那么就相信色彩并巧妙地利用色彩吧，它可是一条易走的捷径哦！

●●淡妆浓抹，无处不相宜●●

女人爱自己是天经地义的。生活中的大部分女性，都会从认真对待自己的妆容方面来迈出爱自己的第一步。化妆前她们相貌平平、容色黯淡，着妆后，面孔精致、美丽，散发着迷人光辉。

的确，对女人来说，化妆是一堂必学的"专业课"，在不同的场合，给自己化一个合适的妆容，不仅会让自己变得美丽动人，也是对别人的一种尊重。所以，作为女人，应该懂得一些化妆的诀窍，让自己无时无刻不显得出类拔萃。比如，眉毛稀疏的女人描上一个柳叶眉，立马就会显出娇媚的女人味；肤色暗沉的女人，只要略施粉黛，就会顿增光彩。

生活中，经常会看到一些女性虽然用着很好的化妆品，但是化出来的妆容并不出彩。那么，怎样才能避免这种情况呢？在化妆之前，一定要选择适合自己肤色的化妆品，这样才能化出漂亮自然的妆容。

1. 不同肤色女性的化妆

对拥有黄色皮肤的亚洲人来说，皮肤的颜色大致可以分为偏黑黄、偏白、偏红 3 种。这 3 种不同的肤色需要选择不同色系的化妆品。接下来，我们分别来了解一下。

（1）偏黄偏黑肌肤，这是大多数亚洲女人普遍的肤色，一些肤色比较暗沉的人也会呈现这种肤色。如果肤色偏黄，适合自然色的粉底；如果肤色偏黑，需要先用紫色粉底液修正肤色，然后再用自然色的粉底。偏黄偏黑皮肤适合金色、橘色的眼影和暖色调的腮红、唇彩，这样才会显得妆容干净，与整体色调相协调。

（2）偏白肌肤，这种肤色适合任何一种色系的彩妆，是色彩的百搭肤色。可以选择比自己原本肤色暗一号的粉底，这样会使脸色看起来更自然。眼影的颜色没有特别的限制。腮红和唇彩可以选择淡淡的粉色，会使肤色显得健康有活力。

（3）偏红肌肤，由于皮肤的角质层比较薄，一遇到天气变化，脸上的毛细血管就很容易破裂，这样就形成了偏红的肌肤颜色。这种肤色可以用绿色的粉底液进行修正。最好使用冷色系的眼影。腮红和唇彩尽量选择淡雅的颜色。

2. 女性化妆的步骤

在专业的化妆师看来，每一次化妆的过程都如同完成一件艺术品，虽然称不上精雕细琢，但马马虎虎是绝对不行的。因此，平时在电视上看到专业化妆师呈现的化妆步骤大多非常烦琐，随便上个底妆也得在脸上涂好几层不同的化妆品，看得人眼花缭乱，弄不清楚平时到底应该如何给自己化妆。其实，专业的化妆师只是为了舞台的需要，才会一丝不苟地进行烦琐的上妆过程。而在现实生活中，女性只需要掌握最基本的化妆步骤就可以了。

第一步是清洁。在化妆之前，一定要对面部皮肤进行清洁，把脸上的灰尘和油污除去，然后才能开始化妆。清洁面部时，要先用温水把面部皮肤打湿，把依附在脸上的浮灰洗掉，然后再把洗面奶放在手上揉出泡沫，依次按摩双颊、鼻翼、额头、下巴，按摩时要由内向外打圈按摩。最后用流水把泡沫冲掉即可。

第二步是润肤。把爽肤水倒在化妆棉上，轻轻按摩面部和颈部皮肤，然后再涂一层润肤液，这样可以使面部显得更加滋润和洁净，能够使妆容更加持久、均匀，而且色泽也不容易改变。特别是在夏季，化妆前先润肤可以使皮肤呈现天然的日晒色，起到保护皮肤的作用。

第三步是粉底。先用海绵块或手指取出适量的粉底，将另一只手的手背当作调色板，充分调和，调整粉底液的用量。然后从额头、脸颊开始，一点点地慢慢抹开，如果需要再加粉底，要取手背上的粉底使用。如果眼睛周围有熬夜造成的黑眼圈或眼袋，可以在眼周涂一层遮瑕膏，并用海绵涂抹均匀。

第四步是眼影。用眼影刷在眼窝处轻扫眼影粉，从睫毛根部到眼窝处逐渐向上晕染，这样可以使眼影看上去更有层次。为了衬托鼻子的线条，还可以在眼睑内侧涂上颜色较深的眼影。

第五步是眼线。眼线可以很好地修饰双眼。它不仅可以使眼睛显得更大，还可以使眼睛看上去更有神。画眼线的时候，线条不要太硬，也不能画在眼皮上。要紧贴睫毛的根部描画，下眼线可以画到眼尾的1/3处或者直接不画，这样就会呈现出一双炯炯有神的大眼睛了。

第六步是睫毛。先用睫毛夹依次从睫毛根部、中部、尾部轻夹3次，每次停顿5秒钟。睫毛被夹卷翘以后，将睫毛刷横拿，采用"Z"字形的刷法，左右来回在上睫毛根部刷，这样可以让每一根睫毛的根部都进入睫毛刷内。接着，再向上提刷，使整根睫毛全部刷上睫毛膏即可。

第七步是腮红。对五官不够立体的亚洲女性来说，可以用腮红来打造面部的立体感。涂抹腮红的位置是外眼角和鼻头两连线交错的中心点。拿扇形的化妆刷蘸取适当的腮红，轻轻地抖一下，以便把浮粉抖掉，然后轻扫中心点的位置。为了增强肌肤的清透感，还可以取少许乳液轻拍在脸颊上，打造出似有似无的腮红效果。

第八步是唇部。唇部化妆会提升整个面部的美丽程度。要想让唇部妆容起到锦上添花的效果，就要把握唇膏的颜色。一般来说，最好使用豆沙色和无色的唇膏，这样会让人显得优雅知性。然后在嘴唇的中间轻点一些光照度很高的唇彩，制造一种水润的效果。同时，最好不要描画唇线，这样会使妆容显得庸俗和刻板。

完成了以上 8 个步骤之后，一个日常的淡妆就完成了。此时的面容应该典雅大方，看不出化妆的痕迹，但人却明显精神了许多。

3. 女性参加盛大宴会的化妆

如果要参加一些盛大的宴会，那么，就需要改变一下日常的淡妆，采用精致浓烈的妆容应对。打造浓妆时可以夸张一些，主要表现在强调面部五官的立体结构上。

首先，用不同色号、深浅不同的粉底强调面部的立体结构。眼睛下面和鼻梁处用浅色的粉底，起到高光的作用，两颊贴近鬓角的部位涂抹深色的粉底，起到侧影的作用。这样可以修饰脸型，使脸型轮廓更加生动立体。涂好粉底霜后，要扫一层蜜粉定妆，这样可以避免油脂分泌后面部脱妆，使妆容更加持久。

其次，眼睛和嘴唇可以作为浓妆的重点。化浓妆时，最重要的是打造夸张的眼部轮廓。要化一条粗重的上眼线，并向外眼角延长，然后用同色的眼影粉晕开。为了配合粗重的上眼线，最好紧贴睫毛根部描画出下眼线，然后佩戴一副假睫毛，这样可以使眼睛显得凹陷。粘贴假睫毛时，要紧紧地贴在睫毛根部，使真假睫毛融为一体。为了使唇形饱满，要在嘴唇周围描画唇线，唇线与唇膏要融为一体，不要出现一个明显的深色轮廓线。涂抹唇膏时，唇部要用粉红色粉扑打底，上下唇可以涂抹大红或紫红色唇膏。

总之，一个爱自己的女人，不仅要注重穿着服饰，还要注重自己的妆容。

为了对自己的形象负责，也为了自己的人生之路走得更好，我们有必要掌握一些化妆的技巧和方法，做到不管是淡扫蛾眉还是浓施粉黛，都让自己呈现出不同的美丽。

●●高跟鞋，女神的必备单品●●

提到女人的鞋子，不能不说起高跟鞋。可以说，高跟鞋是女人时尚史上最伟大的发明。哲学家和"物质狂"都认为鞋子就像艺术品一样值得收藏。

20世纪法国著名哲学家乔治·巴塔耶曾经奚落道，艺术家们对一幅毕加索作品的热爱，就好比物质崇拜者们对一双美鞋的热爱。马诺洛也说，女人就应该穿上高跟鞋，一双真正的高跟鞋，要能在舒适、品质和款式之间找到平衡点，进而能从背影看出腿部曲线的性感优美，女人立刻变女神！

此时的你或许会想到灰姑娘和水晶鞋的故事，然而却很少有人去品味其中的寓意——王子不通过容貌去寻找他的真爱，他认为鞋子才更牢靠。也正如有人所说：鞋子，比艺术品更强大。

每一个女人都应该有一双甚至多双高跟鞋。高跟鞋使一个女人完全灵动了起来，它不仅能增加我们的高度，还增强了女人性感、妩媚的魅力，彰显了女性独特的魔力。一个女人，如果没有一双高跟鞋，就像灰姑娘丢失了水晶鞋一样，即使美丽，却离高贵远了一点。可以说，高跟鞋是每一个女人的必备武器。

琳达从小就羡慕T台上那些漂亮、高挑的模特，希望自己有朝一日能和她们一样漂亮、高挑。但令琳达失望的是，自己身高只有162厘米，在那些高个子女同学的面前,她总是感到很自卑。琳达多才多艺,但学校组织的每次文艺活动,她都不敢报名参加,害怕自己一上台就被那些高个子的女孩子比下去。

几年前刚开始找工作的时候,琳达一心想应聘某公司前台的职位,想到自己热情细心、负责任,而且自己的专业就是文秘,琳达很有自信。但第一次去面试时,琳达第一个就被刷下来了,理由很简单,人家要求应聘者必须要在165厘米以上。顿时,琳达感到自己特别委屈。

可是,身高又不能轻易改变,琳达无奈地找姐姐诉苦。姐姐看到琳达脚上蹬的平底旅游鞋,扑哧就笑了,然后拿出一双高跟鞋让琳达穿上试试。但是,琳达以前从来没有穿过高跟鞋,又觉得自己穿不了,就不想穿。

经过姐姐的一番苦言相劝,琳达最终还是答应试一试。望着镜子中自己明显被拉长的身材,琳达终于露出了自信的笑容。

可以想象,琳达会感谢姐姐的提醒和鼓励,也会感谢高跟鞋给自己带来的不同于往常的美丽和感受。可以肯定,不是每个女孩都能拥有高挑的身材,而且身高是个后天很难改变的现实。很多女性为此而苦恼、自卑。如果你也有同样的困扰,那么何不借用一下外力来弥补自己小小的缺陷呢?

当然,用高跟鞋来增高不是我们选择它的唯一理由。生活中或者影视剧中我们都不难发现,那些脚蹬高跟鞋的女子,自信大方地穿梭于街头巷道、商场闹市等各种各样的场合。因为高跟鞋,她们自然挺胸翘臀,性感优雅,不知赚取了多少男人和女人的目光。所以说,除了增高之外,高跟鞋的更大妙处还在于为女人增添迷人的气质和魅力。

那么,对于常与高跟鞋为伍的"OL一族"而言,如何选择一款舒适的高跟鞋呢?

1. 鞋跟不要超过6厘米

合理的鞋跟高度最好不要超过6厘米，应该在2～4厘米，这个高度会令前后足负重各约50%，会使足部感觉比较舒适；鞋跟如果过高，比如超过7厘米，前足的负重就会增多，可达体重的80%以上，就会引起前足受力过大，从而导致脚部的不适与疼痛。

2. 鞋底薄厚要适中

当高跟鞋的鞋底过薄时，来自地面的冲击力会直接作用于脚底并反射至整个脚部，令脚底如针扎般疼痛难忍。舒适的鞋底面，可以自鞋跟中点垂直向前画直线，如果可以将鞋底面积平分，这样的鞋底会使脚部的内外两侧受力均匀；反之，会因为一侧受力过大而导致脚底局部疼痛。理想的高跟鞋应该有结实而柔软的跟部支撑鞋底，十个脚趾可以在鞋里自由地活动，并有舒服的鞋底和足够的内部空间。

3. 鞋长、鞋宽要规范

如果高跟鞋的长度或宽度严重不足，就会对脚趾、脚底和脚面造成过度挤压和磨损，久而久之会使长期受力的脚部发生物理病变，要是还没有尽快意识到鞋子与脚的利害关系，就会引起一连串的足部病症。鞋跟与足底凹陷处的弧度必须合脚，踝骨与脚尖不应该碰触到鞋子；前脚要有一定摆动的余地，而后跟却不能晃动。

4. 高跟鞋的重量要尽可能轻

高跟鞋的重量每增加1克，对足部造成的负担相当于在人的脊背上增加几十克的重量。因此，选择一双尽可能轻巧的高跟鞋可以最大限度地方便行走。

总之，高跟鞋会让女人产生独特的自信。一个女人，即使没有模特的高挑身材，即使没有女明星的迷人气质，只要选择一双彰显自己个人气质的高跟鞋，女人味就能被提升到极致，散发出来的自信与风韵不言自明。

●●香水是女人的"秘密武器"●●

女作家张小娴说："爱上一种味道，是不容易改变的。即使因为贪求新鲜，去试另一种味道，始终还是觉得原来那种味道最好，最适合自己。"

女人与香水的关系，如同女人与镜子的关系一样永恒。香水像是带有一种魔力，让女人有味道、有魅力，所向披靡。

好莱坞当红影星玛丽莲·梦露是世界公认的最有味道、最为性感的女人，她十分喜爱使用香水，她睁着那双让全世界男人都痴迷、向往的风情眼睛，用慵懒而富有磁性的嗓音告诉世人："夜间我只'穿'香奈尔 5 号。"

已故的美国总统肯尼迪，曾经在一次私人晚宴上碰见了玛丽莲·梦露。当玛丽莲·梦露一袭黑色长裙，笑靥如花，带着香奈尔 5 号所特有的香气走过来时，刹那间，肯尼迪就拜倒在玛丽莲·梦露的石榴裙下，他被完全征服了，丧失了理智。或许是因为香奈尔 5 号的妩媚风情，或许是因为玛丽莲·梦露的超级性感，但可以肯定的是，香水无疑给玛丽莲·梦露带来了更大的吸引力。

女人精致的妆容与得体的服饰，可以给人留下深刻的第一印象，但是令人永久不忘的却是她身上那股若有若无的香味。那隐约飘散出来的香气，正是女人无形的装饰品，可以在不动声色间表现女性的独特。

香水和女人身上一切有形的服饰、妆容、佩件皆不同，它无形地、幽幽地萦绕于身，将我们带入不同的心境——自信、魅力、浪漫与优雅；它的美丽看不到、听不到，只能意会，也因此才会有"闻香识女人"这种意境。

值得一提的是，每个女人都会和某一款香水契合，这和人与人的相遇一样也需要缘分和机遇。也就是说，香水的运用需要与自我的气质浑然一体或相互补充，方能体现出独特的个人气质，这是使用香水的最高境界。

如果你活泼可爱、热情爽朗，可以选择曼陀罗花、香子小雯、柑橘调、甜香调等花香型香水，娇而不媚、烈而不浓；如果你坚强内向，谨慎小心，喜好安静，可以选择树木、乙醛、东方香等温婉迷人的香水，让浪漫温婉倾情而出；如果你简洁明朗，纯情文艺，可以选择纯净、透明的质感以及甜蜜的水果香型香水，自然香气若隐若现，诱发无穷幻想；如果你聪明理智，独立能干，可以选丁香、檀香、玫瑰香型香水，步履穿梭间轻洒幽香，可使你时刻成为焦点，魅力大增……

对香水的拥有和使用代表了女人修炼和成熟的程度，表达的是女人的形象和品位。除了选择适合自己的香水之外，要想成为一个使用香水的高手，充分让香水发挥魔性，打造出女王"范儿"，还有一些必须遵循的规则。

以香奈儿为首的好几家香水厂商，都提倡从手腕移向身体涂香水的方法。先将香水沾在手腕上，然后再移往另一手的手腕，再从手腕移至耳背、发际、胸部，然后擦在所有部位上，活动时香气会均匀地往外扩散，香气圆润又舒适，既持久又淡雅。如此一来，你的独特魅力也就如同一片薄纱轻轻地萦绕在你身上。

有些人会直接将香水喷在衣服上，但是下次若想使用不同的香水时将造成困扰，所以我们要避免这种方法。但可以适当地喷在衣服边缘，如喷在裙摆上，走动时香味随着肢体摆动，摇曳生香，这可是一个大窍门！

认识到香气的魔性后，许多女人会理所当然地认为香水洒得越多越好。其实不然，过多、过浓的香水会让人感到不愉快，这种气味会抵消我们的内在能量。实际上，淡一些，似有似无更迷人、更有魅力。

香水的香味，总的来讲，应不具刺激性，不要过于浓烈，要特别考虑他人的感觉，不相融的气味会让人产生一种排斥感。注意香水本身的浓淡，将香水运用得恰到好处，完全可以提升魅力，使人心醉。

在职业、社交、休闲运动三大场合选择香型是有讲究的。在职业场合，香气应是知性的、清新的、高雅的、温柔的；在社交场合，香气应是性感的、艳丽的、饱满的、个性的；在休闲运动场合，香气自然应是活力四射、振奋舒畅、清新愉悦的。

另外，由于香水的挥发程度与外界温度有很大的关系，我们还要根据时间决定使用的香水类型。白天由于气温较高，人的嗅觉会变得敏感，香气易于扩散，故宜用清新、清爽、浓度低的香水，晚上则使用香味相对较浓的香水。

女人涂香水，最忌讳的一点是用劣质香水，散发出一股刺鼻而浓重的味道。那么，如何在琳琅满目的各色香水中，挑选出精品呢？这需要我们从香水的色泽、香味及包装上进行鉴别。优质的香水必须是清澈透明、清晰度高的液体，无任何沉淀。一般不含色素，在 30℃ 下，经 24 小时不变色；不要靠直接闻香水瓶里的香味来判断气味。来到商店，拿起香水瓶，洒一滴到腕骨上，20 分钟之后，香味纯正，无刺鼻酒精气味的为优质香水，你也将明白它是不是适合自己；还要特别注意香水瓶的密封情况，瓶口与瓶盖之间要严密无间隙，选择包装整齐、图案清晰、瓶外观无裂纹的香水。

当然，好的香水需要好的保养，新购买的香水最好放置一段时间再使用，能使香气更加纯正宜人，存放时要避免阳光直射，放在阴凉干燥的地方。使用后则要尽快盖好香水瓶盖，以免挥发造成浓度的改变。

可可·香奈儿曾经说过："不用香水的女人没有将来。"一位著名的女性心理学家也如是说："女人潜意识中对香水的最大企盼是帮助她建立自信心，拔萃出众。"

因此，美女们请寻找属于自己的香水吧！勇于尝试不同的香味，尽情地散发各种不同的魅力。总有一天，你会找到生活中如情人般的那种味道，任谁都忘不掉！

●●让秀发年轻 5 岁的秘密●●

有一次帮一个美发沙龙的朋友在姐妹中做一个调查问卷，题目是：你怎样认识秀发老化问题？结果我把调查结果拿去反馈给他的时候，他居然生起气来，还说，你看看，你们女人对自己最重要的秀发护理居然一点常识都没有。我一看，原来很多姐妹写的都是："我的头发现在正年轻呢！只要稍微护理就可以了，头发老化？我想恐怕还太早吧！"

我也觉得这样写是过分了点，毕竟头发也是我们美丽容颜的一部分。可是自己对秀发抗衰老这个问题也不是很了解，于是就坐下来听这位资深美发师慢慢给我讲。

果然是资深美发师，一上来就让我提高了警惕："你和你的姐妹们一定要注意了，害怕衰老的，并不只有你的肌肤。秀发才是全身最脆弱的部分。

无情的岁月和疏于护理可将你的一头秀发轻易打倒。如果突然有一天，你站在镜子前，看到自己除了恼人的皱纹，就连秀发也变得脆弱不堪，毫无光泽感，那时候，你才是真正衰老了。秀发的老化是悄然累积的，如果护发习惯不正确会加剧老化，等你发觉时已经晚了！"

一番话说得我心惊肉跳，赶紧问他有什么方法可以让我们秀发保持年轻。这个问题显然是问到了他的心坎上，他立刻告诉了我几个好点子，能够养护出一头年轻的秀发，让秀发至少年轻5岁呢！

1. 资深美发师的观点

（1）你所忽略的洗发细节。洗发的间隔时间最好是2～3天。洗发的同时需边搓边按摩，既能保持头皮清洁又能使头皮活血。按摩是特别有效的方法，对皮肤、对头发都是如此，当然也不要天天洗发，那样容易引起头发脱落。有条件的最好定期去专业的发廊洗，不贵，又能起到护理的作用。

（2）便秘最影响发质。要常年坚持多吃谷物、水果。如蔬菜摄入减少，易引起便秘而影响头发质量。而且蔬菜和水果里的维生素，不但是滋润皮肤和调节机体的好东西，其营养也可以渗透到发根和发梢，让秀发也吃一顿营养大餐。

（3）瘦了腰身，苦了秀发。不要盲目减肥，因为减肥会让身体营养失调，如果身体缺乏营养，秀发也会跟着遭殃。没有了蛋白质和维生素，秀发就会枯黄脱落，从而影响秀发光泽。

（4）黄杨木梳和猪鬃头刷更护发。选用黄杨木梳和猪鬃头刷，既能去除头屑，增加头发光泽，又能按摩头皮，促进血液循环。或者用那种能够按摩头皮还能够防静电的大梳子，温柔地梳理头发，会起到很好的呵护作用。

（5）拒绝脱脂与碱性。这类洗发剂的脱脂性和脱水性均很强，易使头发干燥。最好根据自己的发质，选用有信誉、有名气的大品牌。这样的钱省不得。

不愧是专业人士，他给出的建议确实句句中肯，贴近生活。我准备马上就按照他的话去做。保养自己，从"头"开始，让秀发和我一起年轻。你，也和我一起来吧！

2. 妙招贴士

（1）要将分叉的部分剪掉，如果不剪掉，长发的发尾还会分叉。由分叉点向上剪掉2.5厘米效果最佳。

（2）使用完全适合自己发质且温和的洗发水，并于每次洗发后用护发素，以供给头发所需的营养。

（3）尽量减少烫发、染发、漂发等的次数。烫发及染发后，务必加强给头发补充营养。

（4）每天梳发，尤其是睡觉前，许多人只顾洗脸、洗澡，却忘了梳掉头发上的灰尘，因为头发所沾的污垢及灰尘比身体、脸部更多。

（5）进行户外活动，应做好护发的准备，准备一顶大帽子更好；活动结束后，应好好清洗头发，尤其是被阳光曝晒或海水浸泡过后，更应彻底滋润受损的头发。

●●游泳，让你的皮肤紧致无褶皱●●

我可以一起逛街、一起谈心、一起娱乐、一起交换美容经验的朋友挺多，她们的爱好也是五花八门的，有的喜欢练瑜伽，有的喜欢滑雪，有的喜欢游泳，也有很酷的闺蜜甚至喜欢蹦极这一类极限运动……我渐渐发现，那些喜欢游泳的闺蜜们有一个共同特点：她们的皮肤在朋友中是最好的！白嫩嫩水滑滑，让人忍不住想捏一把，让不善游泳的我说不出是羡慕还是嫉妒。

是美女都爱游泳呢？还是游泳出美女呢？好奇的我在一次聚会里面提出这个问题。果然不出我所料，几位美女毫无保留地说出了游泳对她们皮肤的帮助。

娇小的 Amy 先发言了："我从前皮肤可没有这么好，特别干，而且还皱巴巴的，加上我这身高，那简直是干瘪小老太一个呀！我为此特别烦恼，各种方法都试过了，始终没有什么效果。后来也算是病急乱投医吧！既然皮肤缺水，就让它常常浸泡在水里吧！于是就开始游泳。没想到，游泳的时候，我真的感觉到柔软的水波在抚摸着我的皮肤，滋润了它，也呵护了它，你看看，我的皮肤真的好起来了，变得水灵灵的。"

这时，皮肤护理专家 Lidia 很职业地点了点头："你说得很对，水能够不断地对表皮进行摩擦，让皮肤得到更好的放松和休息，使皮肤光滑润泽富有弹性，避免了皮肤过早老化。另外，在游泳过程中，由于水温的刺激，使皮肤血管扩张，改善对皮肤的供血。长期坚持游泳能使皮肤的血液循环得到加强。血液循环一加强，皮肤自然就健康起来啦！不瞒你们说，我坚持游泳的根本目的就是为了改善皮肤。当然在游泳时，通常会利用水的浮力俯卧或仰卧于水中，全身松弛而舒展，使身体得到全面、匀称、协调的放松，使肌肉线条流畅。并且训练的强度很容易控制在有氧域之内，不会长出很生硬的肌肉块，可以使全身的线条流畅、优美。"

看到周围的姐妹纷纷点头，谨慎的 "游泳美女" Salina 觉得有必要将自己的一个教训告诉大家："我一开始游泳的时候，只想着对皮肤的好处，随便挑了一家游泳馆就去了。结果那家游泳馆的水质很不好，反而让我的身上长小疙瘩，很难看。后来换了一家水质好的，才逐渐好起来，直到有了现在的效果。大家选择游泳馆一定要谨慎啊！否则皮肤不但不会变好，还会受到很大伤害。"

下面，我要告诉美女们几点游泳护肤的注意事项，游泳并不是谁都可以，也不是什么时候都可以的哟！患心脏病、高血压、肺结核等严重疾病，难以承受大运动量的人，不适合游泳；沙眼、中耳炎、皮肤病等传染性疾病患者，游泳的话就有可能传染给别人；饭后或酒后不宜立刻游泳，因为水的压力及冷刺激易引起痉挛腹痛，久之会引起慢性胃肠炎，饭后 40 分钟方可游泳；月经期不宜游泳，但有保护装置并且有游泳习惯的人可以游，但时间不宜过长；游泳前进行温水沐浴后再入水，就不会感觉很冷。因为温水沐浴（水温在 30～40℃）能够带走身上的部分热量，这样会使你的体温接近水温。

真是朋友多了路好走啊！有了这些游泳的经验，聚会之后不久，姐妹们组建了一个"游泳嫩肤团"，在 Lidia 的领导下、Amy 的组织下、Salina 的建议下，向紧致无皱纹的好皮肤出发了！

●●饰品，美女离不了的"道具"●●

国家一级演员张曼玉说："我做运动的时候，小的首饰会一直戴着不摘下来，连洗澡的时候也是。我喜欢铂金的首饰，是因为铂金不会氧化发黑，而且有种微微闪耀的光芒，不会抢我的风采。"

如果说服装是设计师灵魂的表现，那么配饰则是女性灵魂的表现，是女人身上的艺术品。一件好衣服固然很迷人，却不一定会让你在别人面前大放异彩，而配饰却可以通过细微处不可抵挡的魅力传递出来。

美国街拍女星妮可·里奇身高只有 155 厘米，相貌算不上绝色，但是她却被称为时尚代表，多次被美国、英国的著名时尚媒体评选为"最佳穿着女星"，是众多潮人的效仿对象，甚至女明星们都趋之若鹜。

如果你仔细看妮可·里奇的街拍照，你会发现，几乎每张照片上的她，都带着一副大大的墨镜，令人感觉到这个女人气场十分强大。可以说，各式各样的超大墨镜，就是她的秘密武器。妮可·里奇称，她自己拥有超过 200 副太阳镜。

想让自己的形象充满诱惑，就要和妮可·里奇一样，善于利用特殊"道具"，注重在细微之处创造美丽。恰到好处的装饰会让你熠熠生辉，或娇艳或高贵，或时尚或个性。

一般来说，配饰可以分为三大类：第一大类是首饰，通常泛指全身的小型装饰品，包括耳坠、项链、手镯、戒指、发卡、头簪等。在现代生活中，眼镜、手表、胸花、发带之类也延伸到首饰系列里。第二大类是衣饰，一般指项巾、领带、腰带、头巾、披肩、纽扣等，它们的艺术魅力主要来源于色彩、图案、质料或造型，能产生多种艺术效果。第三大类是携带物，如挎包、提包、雨伞、扇子之类，如今这些实用性的物品，正日益起着不能忽略的作用，带来了意想不到的艺术情趣。

不同的配饰会赋予女人不同的气质，在职场、派对、居家休闲……不同情境中女人扮演着不同的角色。唯有掌握好情境搭配法则，学会艺术地搭配，才能将自身的气质诠释得淋漓尽致。

要在纷繁的配饰中挑选最美的，几乎是不可能的。有一句经典的爱情名言说："最好的并不是最适合你的，最适合你的才是最好的。"挑选配饰也一样，要考虑配饰的点、线、面是否与你的肤色、体型相配。

比如，选择佩戴什么样的珠宝首饰时，要充分考虑自己的肤色。黄皮肤的女性适宜佩戴暖色调的珠宝首饰，可选用红色、橘黄色的宝石（如红宝石、石榴石、黄晶等），这样可衬托出黄皮肤人的秀丽和文雅。比如，如果你是一个矮小且瘦弱的女性，那么你就适合那种细小的项链，而不适合佩戴粗大或长长的挂件；如果你身材矮小且略微发胖，为了让自己的气质变得优雅一些，可以选择高品质或时尚感强的手袋来搭配。

我国艺人林志玲之所以能够坐拥中国台湾"第一美女"的称号，除了漂亮的外表、良好的教养和优雅的气质之外，还在于她经常选购一些与众不同的配饰，懂得利用配饰增强自己的魅力。对此，林志玲表示："很多艺人会花大量的金钱和精力在选购服装上，但我认为好的配饰，往往就能够使一件平淡无奇的服装绽放出亮眼的光芒。我选择的配饰风格多变，大多是根据场合及造型的需要精心搭配的。"

的确如此，就比如在一次时尚派对中，林志玲身穿 Dior 礼服，手拿 BottgaVeneta 晚宴包，搭配的是 Van Cleef & Arpels 项链、Charm 吊饰腕表，本来就高挑的身材，加上华服与配饰的衬托，整体造型高贵而大气，让她越发靓丽、出众。

从中不难看出，配饰的作用不言而喻。当然，每一类型的配饰，甚至每一款配饰都有一定的特征和搭配技巧，美女们可千万不要忽略哦！

比如，像珠宝、金银等配饰都具有较强的隐喻意义，它们的价值和光泽隐喻了富有、华丽；象牙、石质、木质饰品隐喻较强的厚度、质感和温度；水晶、玻璃等饰品则有透明、明快、纯洁以及清凉感。所以，在选择配饰的时候，你要考虑这些是否是你需要的元素，然后再根据自己的气质和服装进行搭配。所以，美女们在选择配饰的时候要非常慎重，只有选对了，才既能表现自己优雅的气质，又能给人以严谨和端庄的感觉，尽显自己的华丽高贵。

一般来说，隆重的社交场合要佩戴高档的饰品，廉价的饰品一般在日常生活中佩戴。不过，有时也可进行巧妙搭配。比如，用高档的配饰配普通的服装，可提高服装的品质；将高品质的服装与低价格配饰搭配，可提高配饰的品质。如此，给人的感觉是不柔不硬，恰到好处，会令别人情不自禁地着迷。

配饰既可以单一使用，也能够多重使用。多重使用，应该是你在购买时选择的重点。什么是多重使用？在场合上，可以用于晚宴、日常、职场等两个以上的场合；或色彩上可以与两个以上色彩的服装相搭配；或质地上，能配合两个以上季节的服装。

其实，好的饰品的效用常常大于好的服装。既然如此，何不让饰品来为自己"画龙点睛"一下呢？需要指出的是，配饰只是起到画龙点睛的作用，用于调节着装，使之与自己所要展现的气质更为合拍。因此，我们要本着宁缺毋滥的原则，不要一次使用多件饰品，一两件是精巧的装饰和点缀，多于三件则显得庸俗，反而破坏自己的气质。

总之，美女不需要化很浓的妆容，挽很精致的发型，只要根据自己的气质选择合适的腰带、腰链、皮包、手机挂链、发饰、胸针等，一点小改变就可能成为点睛之笔，很好地衬托出完美而优雅的气质。

●● "白骨精" 的抗衰锦囊妙计 ●●

在大家的眼里，王小姐是个标准的"白骨精"：写字楼里的白领，跨国公司里的骨干，职业女性中的精英。具有很强的工作能力，很高的收入和很令人羡慕的生活。在旁人看来，她的生活充满了光彩。其实，王小姐根本不算"白骨精"，她曾经在日记中这样写道："每天起床时不想面对新的一天。"这句话已经在一定程度上反映出了王小姐身心疲惫的状态。

抛开像王小姐这样的职场人表面的光鲜和靓丽，我们看到的是，她们身体疲惫、面容衰老、精神紧张……在工作、生活、学习、家庭等一系列问题面前，她们面临着竞争日趋激烈的社会环境和越来越大的压力。她们担心着这些来自身体内部的危机和沉重的工作负担，会使自己过早衰老。

在一些既忙碌又美丽的真正"白骨精"看来，职场女性所需要的就是以下这几条锦囊妙计，这些锦囊妙计可以使职场女性更快乐，更重要的是抵御衰老，保持年轻！

锦囊妙计一：科学合理地安排好日常工作和生活。

对白领们来说，朝九晚五实在是一种奢望。很多白领总是晚睡早起，有时候甚至需要通宵工作，这对于身体以及女人最重要的皮肤都是毁灭性的打击，同时还会造成心理压力。遇到这种情况，白领们一定要重视，身体和美丽才是革命的本钱。一定要注重健身，起居有规律，找到产生压力的原因，采取措施自我调节。

要正确地自我评价，合理地制定目标，量力而行；科学地安排时间，尽量争取支持，减少工作量；生活要有规律，要进行适度的体育运动，以健康的体魄来对抗压力。

锦囊妙计二：通过补充雌激素有效地调节内分泌。

雌激素能够改善女性器官和皮肤血液的供应量，延缓骨质疏松，使皮肤恢复弹性和润泽。

值得一提的是，服用雌激素之前，一定要认真检查体内实际激素水平，并且在医生的指导下正确使用。

锦囊妙计三：采用有效方法进行心理调适。

出现隐性更年期症状后，要及时调节并宣泄不良情绪。心胸要开阔，保持乐观的心情和积极的处事态度，以缓解和消除紧张情绪。要树立良好的自身价值观，加强自身修养，对生活充满信心。

都市女性可以尝试多接触人群、参加各种活动、与人多沟通交流等方式，同时练瑜伽、进行心理辅导也是不错的选择。

锦囊妙计四：平衡膳食，合理摄取营养，注重饮食调理。

通过饮食来缓解某些不适。如有潮红、心悸、失眠等情况，可多吃豆类、五谷杂粮、牛蒡等富含植物雌激素的食物，并减少红肉类的摄取，少吃辛辣、性寒的食物。避免喝咖啡、浓茶、酒等刺激性饮料。疲倦的时候就散散步或睡一睡，休息一下又何妨？

锦囊妙计五：及时的感情宣泄。

那些长期经受工作和生活压力的白领女性，往往感情脆弱，易于冲动，遇刺激便好动怒。心理学上的"宣泄效应"告诉我们，人一旦出现苦闷、烦躁、愤懑、痛苦等负面情绪，最好是能及时运用适当的方式进行排解、转移乃至消除。这种情绪的宣泄越及时、越酣畅、越彻底越好。

遇到不开心的事情，不要闷在心里，和几个信任的闺中密友放放"厥词"，或者跟恋人发发牢骚。还有，实在不开心就去运动，去娱乐，去放松，把眼泪流成汗水，把愁眉化作笑容，宣泄出的情感，一会儿就随风而逝了。

到这里我不说你也知道了，这些锦囊妙计其实就是我们日常生活中很轻易就能做到的事情。那么就赶快打开你的锦囊，照着这些妙计去做吧！错不了！

●●只有懒女人，没有丑女人●●

曾经光洁的皮肤一天天爬满皱纹，曾经标准的身材一天天走样？也许有一天揽镜自照的时候，你会突然发现，曾经青春靓丽的自己，已经徐娘半老而风韵无存，镜子没变，镜子里的容颜却大大改变了。这样的打击是突然的，但这样的结果却是一天一天积累起来的。

记得 20 岁的时候，我们一大群姐妹就在谈论保养的问题，当时就有几个比较随性的姐妹对此"嗤之以鼻"，说那么年轻，要保养干什么？即使过了 25 岁，这几个姐妹还是坚持她们的"懒人之道"，结果可想而知。突然，当她们某一天急匆匆跑来诉苦，说自己老得太快的时候，已经有些晚了，不过好在她们还算年轻，有时间去挽回。这不禁让我想起一位业界资深人士的话："这个世界上，只有懒女人，没有丑女人！"

据一项调查结果显示，大部分中国女性会自 25 岁开始，忽然关注自己的肌肤状况，因为人人都知道一句话："25 岁后，皮肤开始走下坡路。"

韩国新生代实力派美女作家南仁淑有一本畅销书叫《二十几岁决定女人的一生》，主要是对二十几岁时花样年华的用心思考。其实，二十几岁同样决定肌肤的一生，抗老行动必须在此时启动！好在预防永远胜过补救，打造年轻态肌肤仍有大把机会。25 岁的抗老无须下大血本，只需稍微用心，就能收获惊喜。

其实，过了 25 岁的女人需要培养出一种"危机感"。看看下面的 8 条措施，每天问自己：你做到了吗？因为只有天天都做个勤快的女人，才能用下面的武器，把衰老挡在门外！

1. 补水防晒是关键

25 岁之后，不管什么季节，每天涂抹防晒霜，做两次以上切实有效的保湿功课，是应该坚决贯彻的护肤原则。

2. 开始紧肤

寻找紧肤产品，防止肌肤下垂松弛。25 岁之后肌肤开始松弛，最大原因是肌肤产生胶原蛋白的能力减弱，要着重补充胶原蛋白。另外按摩对"防垮"同样有效，眉毛、耳朵和脸颊，是 3 个最容易松弛的地方，所以要从 25 岁起进行分区按摩。

3. 每天吃维生素

维生素 C 有助于淡化和分解已形成的黑色素，还能抑制黑色素新生，并加速黑色素从表皮或血液排出体外。另外，维生素 C 还能增加血管弹性和修复损伤组织，促进胶原形成，这就保证了营养物质能够畅通地运输到脸部皮肤，促进"皮肤支架"的坚固，皱纹得以减少，光泽得以恢复。

4. 参加有氧运动

适当的运动如慢跑、游泳能加快皮肤的血液循环，有助于细胞吸氧，每周 3 ~ 5 次，每次 20 ~ 30 分钟的有氧运动会让肌肤变得红润。

5. 早晚两杯白开水

充足的水分是健康和美容的保障。特别是女性，缺水会使她们的身体过早衰老，皮肤因"缩水"而失去光泽。但由于女人的代谢比男人要慢，消耗也比男人要低，女人往往比男人喝水要少，这就会使身体和皮肤问题同时出现。

6. 每天一个西红柿

在水果和蔬菜中，西红柿是维生素 C 含量最高的一种，所以每天保证至少一个西红柿，可以满足一天所需的维生素 C。当然，你也可以通过食用其他果蔬补充维生素 C，猕猴桃、西兰花、山楂、柑橘、草莓等都是不错的备选项。

7. 每天一杯醋

女人还是有点"醋意"的好。每日三餐食用醋可以延缓血管硬化的发生，对于女人来说，除了饮食之外，在化妆台上放一瓶醋，每次洗手之后先敷一层醋，保留 20 分钟后再洗掉，可以使手部的皮肤柔白细嫩。洗脸的时候，偶尔加几滴醋，长期下来，皮肤又白又嫩。

8. 每天一个简单的面膜

每天晚上临睡前，要做一个简单的面膜，其作用是将积在面部的脏东西消除掉，并且使皮肤做一次"紧绷运动"，然后涂上护肤品，这样，晚间的皮肤才能得到最科学的修复。此处要注意的是：任何面膜在脸上的停留时间都不该超过 15 分钟；每天敷用面膜不是好的护肤方法，一周做两次就够了；任何面膜敷过之后都必须洗脸。

你看看，做个"不懒"的女人其实也不是很难吧？只要稍微坚持一下，你的美丽，就会光彩照人；你的青春，就会无限延长哦！

第6章

精巧妆容：打造绝伦魅力

　　"不化妆的女人没有未来"，不知道是谁说出这么一句看起来有点刻薄，但却是"真理"的话。女人的美丽不仅在于天生丽质，而且在于整体的妆容效果。想做个闪亮的美女，任何时候都要注意自己的妆容，让化妆成为自己的一种生活习惯。

●●保养就像成名，越早越好●●

　　一般的女孩子差不多都是从 25 岁才开始注意护理皮肤的，但实际上皮肤护理开始得越早，你的收获就越大。

　　当然，这里需要强调一下，所谓的"越早越好"，还是有一定时间限制的。如果你不到 18 岁，那么你只需要天天用清水洗脸，在特别的季节涂抹适当的基础保养品就行了。而 18 岁以后的女孩子就要仔细看看下文了。

一直以来我都深信，只要用对方法，持续保养肌肤，绝对能够拥有远远小于实际年龄的年轻肌龄。随着时间的推移，越来越多的例子和很多资深美容杂志编辑朋友都印证了这个想法：在美容保养这个圈子里，有太多你永远猜不出她们到底几岁的漂亮女人。有时候，你以为人家刚从学校毕业不久，没想到她早就结了婚，还生过小孩，甚至小孩都上小学了。

有人曾仔细探究，她们究竟为何能拥有如此年轻的外表。不可否认，有些人是天生丽质，但大部分人是很早就有了保养肌肤的习惯，而且一直坚持着。认识越多这样的人，越让人深信：保养品对于延缓肌肤老化绝对功不可没，也许短时间内看不出差别，但 3 年、5 年、10 年过去后，你就能感受到保养所带来的美容奇迹。

要知道，在这个充斥着各种污染源的现代社会，如果我们不想肌肤迅速衰老，就应该在肌肤还年轻健康时赶紧拟订适合自己的抗衰老对策，把细纹和暗沉都"扼杀在摇篮中"。

有些女孩子不太明白是什么导致自己的肌肤变老、变差的，在这里先解释一下。

一般来讲，让我们肌肤老化的因素有两个：一是外在环境影响。比如吸烟、熬夜、长期处于密闭空调空间、脸部表情丰富及长期在阳光下曝晒等，都会影响皮肤正常的代谢速度，使皮肤表面出现细纹，呈现粗糙、没有光泽或痘痘、粉刺丛生的恼人现象。二是随着年龄增长的自然老化。自然老化表现为真皮层老化，导致胶原蛋白与弹力纤维结构改变，所以 25 岁以后肌肤的弹性就会随着年龄增长而减弱，随之而来的便是皱纹。

但是，好多女孩在 20 岁的时候很少去想象自己 30 岁的样子，既不保养也不护理，结果到了 30 岁的时候，只能眼馋地在旁边看着那些保养得当的"伪 20"们，然后暗自懊恼，感觉年华不再。

说了这么多，就是想告诉大家，保养要趁早！强调越早越好，是因为越早开始，你的皮肤越能够保持那个时间的状态。如果你 40 岁才开始保养，那么就只能保持 40 岁的状态。要知道，皱纹和斑点都是不可逆的，一旦发生，就很难回到以前的状态。你 30 岁的时候想回到 20 岁的肌肤状态，比你从 20 岁就开始保养，到了 30 岁仍保持 20 岁的肌肤状态要难得多。

另外就是坚持了。保养不是立竿见影的事，越到后面越能见效。所以，你应该现在就开始保养皮肤。

●● 25 岁以后，护肤是你的职责 ●●

女人这个物种有同一项义务：追求美丽。在"青葱岁月"里，美丽从来不是问题，不论是学生装还是华服，都能被青春的身躯穿出别样滋味来。而过了 25 岁的女人，要圆满地履行这项义务，就不再那么容易了，其中最大一个难关就是护肤。皮肤是所有灵魂和内涵的"外包装"，无论你是才高八斗还是经纶满腹，给别人的第一印象都会是你的皮肤。25 岁是女人皮肤的致命转折点，但转折方向和进度却并非不可掌控。如果说 18 岁的小姑娘肤质一般相差不大，都是娇娇嫩嫩的，那么 25 岁之后女人们的肤质差别就会很大了。25 岁之前，娇嫩美丽的皮肤是我们的资本，为我们美丽的容颜锦上添花；25 岁之后，皮肤开始走下坡路，我们理所当然就要开始为它服务，服务职责有以下四条。

1. 职责第一条款：水果蔬菜一个不能少

说是职责，其实也是一件充满乐趣和享受的事情。保持皮肤年轻最重要的就是多饮水，多吃水果和蔬菜。每天早上起来喝 1 升水，你刚刚睡醒的皮肤就能够感受到你输送给它的水分，一天都水嫩嫩的。吃蔬果的时候，蔬果里那些皮肤很喜欢的维生素，像维生素 C 啊、维生素 E 啊，都会主动跑去与你的皮肤"约会"，常安排这样的"约会"，皮肤自然就健康靓丽起来了。

下面，我就告诉大家在水果家族中，哪些水果的补水效果比较好。

（1）西瓜。西瓜是比较新鲜、好吃的水果。夏天出汗比较多，西瓜可以补充水分，而且它里边含有很多的维生素、矿物质。吃点西瓜，既能解渴，还能吸收一些营养，夏天首选的水果就是西瓜。

（2）苹果。一年四季都可以吃，"一天一苹果，医生远离我"。苹果是任何人都能吃的一种"超级万能适应性"水果，而且便宜。苹果的营养价值也很高，含钠很少，含钾很高，所以从生物学的角度来讲，血压较高的姐妹更应该多吃苹果。由于苹果含钾较高，经过血管的运输，使人体细胞内的钾含量升高，从而导致细胞内液的浓度增大，在一定程度上也可以促进人体对水分的吸收。

（3）奇异果。水果营养之王，富含胡萝卜素、维生素 C、精氨酸，除了卓越的抵抗衰老的功效——抗辐射、抗氧化和抗自由基，还含大量的丙氨酸，能帮助维持水分。

当然几乎所有的水果都有补水的功效，但是要注意，水果不能一次性吃太多或者冰着吃，这样会导致胃肠的负担过重，不利于对营养的吸收，可别从水果美人变成憔悴美人哦！

2. 职责第二条款：对自己好一点

其实，像护肤、减肥这种东西，在折磨自己的情况下是永远也出不了好结果的，比如精神紧张、工作繁忙而导致面部皮肤暗沉。如果你已经是这样的状态，不妨每个星期选一个晚上，让自己在家享受一个舒服的美容之夜，借以平衡日常过度辛劳，让你风吹日晒的皮肤也跟着享受享受。不要抽烟，不要喝酒，那只能伤害自己。你要做的就是，泡个舒舒服服的热水澡，同时用皮肤喜欢的洁肤品好好清洁一下，然后在全身干爽舒适的情况下早点上床睡觉。熬夜对皮肤的危害不用一次次重复，相信第二天早上你一定能看到显著的危害！

下面介绍两款神清气爽的天然面膜：

（1）苹果吸油面膜。它的美容功效在于，苹果中的果酸成分能吸走脸上多余的油脂。材料是苹果 2 个、化妆棉适量。做法是将冰冻了的苹果榨汁，沾湿化妆棉敷在油脂分泌旺盛的部位，如 T 字位（即 T 区）、鼻翼、下巴，10 分钟后清洗。

（2）薄荷收毛孔面膜。它的美容功效在于，迷迭香有消炎抗氧化功效；薄荷有收敛爽肤的作用，敷时感觉阵阵清凉；苏打粉可分解油脂。"三合一"能收细粗大毛孔。材料是薄荷香薰精华油 2 滴、迷迭香香薰精华油 2 滴、食用苏打粉半汤匙、清水 1 杯。做法是将材料混合调匀，置于不透光的玻璃瓶，用时拿出摇匀，沾湿化妆棉敷在 T 字位及毛孔粗大的部位，10 分钟后用清水洗净。

3. 职责第三条款：皮肤也要动起来

也许你在健身房请了一个私人教练，每天汗流浃背地锻炼；也许你晚上会跟着瑜伽光碟做点舒缓筋骨的动作……可是，你有没有想过，我们的皮肤也要动起来？而且，皮肤的运动可不用你花钱去健身房或者买光碟，几个小小的步骤就能够完成。照着下文做并且坚持，保证你不会长皱纹。

第一步，鼓起左腮，用力呼气，使气流通过左嘴角呼出。再鼓起右腮，用力呼气，使气流通过右嘴角呼出。反复多次。

第二步，鼓起两腮，让气流左右往返滚动。

第三步，闭紧嘴唇，两腮用力鼓起，用食指按住嘴微张，再闭上，反复多次。

第四步，咬紧牙齿，嘴唇微张，再闭上，反复多次。

第五步，张大鼻孔，闭紧嘴唇，深吸气；两腮用力鼓起，深呼气，使气流从双唇间呼出。反复多次。

4. 职责第四条款：细节决定好皮肤

我做事情的时候，每一条、每一款都安排得井井有条；事无巨细，才能没有遗漏和差错。而保养皮肤，就是我们最大的一件事情，做这件事情的时候，更需要"事必躬亲"，做好每一个小细节。下面就来看看，这几个小细节，你做到了吗？

（1）每天洗完脸后，擦护肤品的时候，一定要轻轻地拍打几分钟，让皮肤享受温柔的呵护并且充分吸收营养。

（2）睡觉之前不要喝水，不然早上起来皮肤会浮肿，很难看，尤其是眼睛周围，眼袋会很大，也会不好看。

（3）晚上有时间就用鸡蛋清做脸部保养，10～15分钟，干了就可以洗了，这样皮肤不容易长皱纹。

（4）没事的时候就拿个水果来吃，就像前文说的，在你享受酸酸甜甜的味道的时候，皮肤也尝到它喜欢的维生素的味道了。

●●为皮肤打造每日作息时间表●●

职场女性中流行着这样一句自嘲："我们起得比鸡早，睡得比猫头鹰晚，干活儿比牛还多！"当你这样累死累活地拼命时，是否曾听到你身体中传来的疲惫的呼救声呢？这其中当然包括你的皮肤。如果你感到筋疲力尽的话，你娇嫩的皮肤早就累了。

繁忙的工作中，我们最需要的是什么？对了，属于自己的一张作息时间表，什么时段做什么，都安排得井井有条，才能忙而不乱；而你的皮肤，也需要这样一张作息时间表，才能在忙乱中也显出美来。

1. 每日护理皮肤时间表

下面，就为皮肤打造一张每日作息时间表，把皮肤护理工作做得像你的工作和生活一样井然有序。

（1）23 时至次日 5 时。注意！这个时间相当重要哦，人体的新陈代谢活动处于最低水准，此时细胞生长和修复最为旺盛，细胞分裂速度比平时快好多倍，因而肌肤对营养性护肤品的吸收力加强，而且也是美白因子生成的活跃时期。所以，这段时间一定要好好睡觉，让肌肤在充分的休息中，完全吸收睡前涂抹的护肤品，同时用最好的精力来分泌美白因子。

（2）6 时至 7 时。从清晨开始，荷尔蒙的分泌量会有一定增加，人容易兴奋，皮肤也是一样。这时候一定要记得，因为蛋白质的合成受到抑制，所以要坚持吃早饭，为皮肤的滑嫩饱满保证丰富的蛋白质和维生素，特别注意多吃鸡蛋，多喝牛奶。另外有时间可以坚持锻炼，走一走、跑一跑都很好，可以随着汗水排出一些身体和皮肤中的毒素。

（3）8时至12时。这是一天中的第一个黄金时间，肌体的新陈代谢最为旺盛。而皮肤的机能和活力也随之达到高峰。这个时候就可以稍稍放下皮肤的护理，专注于你的工作，让皮肤也有一些"自由空间"，能够看着你认真工作，它也很高兴吧！

（4）12时至15时。这个时期是一天中的倦怠期了。肌体逐渐产生疲倦感，血液集中于消化系统，皮肤血液流量减少，对各种护肤品的吸收能力比较弱。所以这个时候护肤或者吃水果的护肤效用都是很低的，最好的办法就是打个小盹，让皮肤得到适时的休息。

（5）15时至20时。睡过午觉之后的15时，午饭已经被消化，微循环改善，组织含氧量升高，皮肤对营养物质的吸收能力逐步增强并达到高峰。这段时间最适宜到美容院做专业皮肤护理，还可配合健美操等运动。平时没有条件的可以把这一项移到每个周末试试看，一定有效。

（6）20时至23时。晚上，人懒懒地回了家，卧倒在床上，皮肤对外界刺激的抵抗能力也随着机体一起降低了。这个时段，面部神经末梢及表情肌开始疲劳，眼周及下肢容易出现水肿。这时候就需要开始晚上的护肤过程，搽上保湿水，用双手轻轻拍打面部，就像在对皮肤温柔地道声"晚安"。

2. 每周护理皮肤时间表

既然你看了每日护理皮肤时间表，我再介绍一下每周护理皮肤时间表，也让姐妹们在遵守作息时间表的基础上，知道一周之内哪天该侧重什么，就这样日复一日、周复一周地攒起美丽吧！

周一：深层清洁。周一是美女们化着精致的妆容去上班的一天，因为妆上得多，上得细，深层清洁就成了美容过程中非常重要的一步。所以你要记住，无论周一回家多晚，一定要洗脸。不妨干干净净地卸掉脸上的残妆。在这种情况下，我需要特别提醒一下干性皮肤的姐妹们，一定要选一支酸性的洁面膏，也就是标注了适合干性皮肤使用的洁面膏，这种洁面膏更接近皮肤本来的酸碱环境，不致引起更加严重的干燥和粗糙。而油性皮肤的姐妹们呢，则需要一盆滚烫的热水，让上升的蒸汽均匀地拂过脸上的每一寸肌肤，而后用热毛巾在脸上覆盖 10 ~ 15 分钟，这样可以使毛孔细腻，无论是黑头还是痘痘，都会被扼杀在萌芽状态，所有"油性杀手"都逃之夭夭。

周二：舒缓减压。相信很多上班族都跟我一样，觉得周二"前不着村后不着店"，是一周中特别难熬而又漫长的一天。刚过完周末没多久，一大堆事情经过周一的沉淀之后堆积得令人抓狂。而离下一个周末还有好几天，所以人特别容易感觉到压力。这个时候，皮肤也会跟着心情一起承压，所以需要特别的护理。要是你周末去了夜店、酒吧，睡得很晚而周一又拼命工作了一整天的话，周二你的黑眼圈肯定已经明显地显示在脸上了，作为以酷炫的"电眼"美女为人生目标的女生，你回家之后采取的第一个行动就是修护眼部肌肤。其实过程也很简单：把冰牛奶倒在纱布上，轻轻地在眼睛上敷 10 分钟左右，每晚敷两次，能够消除眼袋，缓解眼部的疲劳，而且长期如此还可减少眼部皱纹。放凉的盐水和喝过的茶叶也可以起到同样的作用。

周三：深度保湿。保湿是永恒的主题，无论你是干性皮肤、油性皮肤还是混合性肌肤，所有皮肤都需要充分的水分来滋养。只要皮肤水分足了，几乎所有的皮肤问题都可以得到改善，甚至有些皮肤问题还很容易就能解决。所以，有位姐妹编了一句顺口溜："想做女主角，保湿不可少。"有时候皮肤容易过敏，所以天然的面膜更加适合这种脆弱的肌肤。用一个蛋黄，加入一勺蜂蜜，搅拌均匀，涂在清洁过的脸上，大约十分钟后，等面膜完全干了，用温水清洗，再使用化妆水、润肤产品。之后皮肤摸起来就会软软嫩嫩的，让你自己看着都美。

周四：美白。中国有句俗话："一白遮百丑。"虽然有点夸张，但是可见白嫩的皮肤多重要。美白不是一两天就能实现的，需要长期的努力。使用各类美白面膜是一种简单的方法，精华素也是有效的方法。面膜和精华素的用法相信大家都烂熟于心了，比我用得好的也应该大有人在，所以，我在这里就简单地用一句话概括了：用温和的洗面奶洁面之后，用指腹均匀地按摩脸上的精华素，直至吸收。牢记另一句顺口溜："不在乎涂多涂少，吸收才真正重要。"

周五：保湿，保湿，再保湿。临近周末的这一天是我们护肤的重要时段，一定要充分完全地利用。早上是皮肤的最佳状态，如果一大早就让皮肤喝饱了水，补充足了营养，皮肤自然越发健康、有光泽。所以周五的早上，带着就要放假的激动，早些起床，来做一个较为复杂的橄榄油面膜吧：把橄榄油加热至37℃左右，再加入适量蜂蜜，然后把纱布浸在油中取出敷于面部，20分钟后取下。对于皮肤特别干燥者，特别有效。

周六：休息。美好的星期六，整个人都很放松，于是皮肤也跟着轻松了起来。所以这个时候只要维持平时的普通保养就可以了，但是不要偷懒哦！

周日：镇定皮肤。周日是很多女孩的社交日。在周六放松了一天之后，这天你可能有应酬。咖啡、酒、浓茶等都会让人不同程度地兴奋，造成睡眠不足，这样会严重影响皮肤的质量。你应该随身带一块手绢，在卫生间，用湿手绢在脖子、脸颊、眼睛上轻轻地敷一小会儿，能够有效地镇定皮肤，消除倦容和眼袋、黑眼圈。

接着，我们又回到了周一。这一天应该早早起床，再做一个深度的保湿护理，保证皮肤一天都水水的，无论什么妆容都精神百倍。

怎么样？这样的每天、每周护肤时间表够完整详细了吧？既然我都这样不辞辛劳地列出了这样的时间表，那么姐妹们不妨试试坚持下去，让我们共同把美丽进行到底吧！

●●两种神奇瘦脸化妆术●●

如果你已经试过所有的瘦脸运动及按摩，但都毫无成效，或者你因为马上要出席一个重要的活动需要立即拥有一张漂亮的脸，那么，小脸化妆术就能帮你达成心愿，只需简简单单化个妆就能达到瘦脸的神奇视觉效果。

下面，我们就向你介绍两种瘦脸化妆术。

1. 画眉瘦脸法

修饰眉形可赋予脸部轮廓紧缩的效果。眉毛是五官平衡的关键，所以即使仅稍稍地变化眉形，也会让人惊讶地发现，脸蛋变瘦了，五官显得立体多了。

在眼珠外侧的延长线上画眉峰，眉尾稍微画长一些，这就是使眉毛看起来纤细的要诀。此外，想让脸蛋变小，一定要挑高眉头才有效果。

最理想的眉毛长度，是眉尾不超过一条从鼻翼经过眼尾到眉尾的45°延长线。如何描画眉毛呢？需要把握以下几个要领：

第一，高挑眉最为重要的是确定好眉峰及眉尾的位置，注意眉尾不要过长。

第二，如果眉形本来就是高挑形，顺着原来的眉形描画即可。

第三，如果眉形纤细且不够完整，可以将眉毛后半部分完全剔除，再用眉粉或眉笔补齐。

第四，在眉骨部位刷上淡淡一层可以凸显轮廓的白色眼影。

第五，蓝色的眼影使整张脸看起来修长而利落。下眼皮画强烈一点的颜色，能使眼神深邃、引人注目，脸部也变得修长、利落。然后用棕色眼影刷上眼窝，也是制造眼部阴影的技巧。此外，沿着眼眶画上深蓝色的上下眼线，以强调眼部。

需要注意的是，这个瘦脸法只适合椭圆形脸或圆脸，不适合长形脸。

2. 利用粉底的色差，让脸神奇地变小

第一，要学会打粉底。利用"深色收缩、浅色膨胀"的原理，在较凸出的 T 字位使用白色粉底，强调五官的立体效果，并能造成视觉上的集中。而在两颊使用接近肤色的粉底，可使脸颊看起来较瘦。此外，在脸部周围使用比肤色深一点的修容饼或蜜粉，更能修饰脸部的线条，给人小脸的印象。

具体方法是：取适量白色粉底涂抹于 T 字位，并轻轻地推开；眼睛下方亦使用少许白色粉底；利用指腹将肤色粉底在脸颊部分仔细而均匀地推开；将薄薄一层蜜粉按压在脸上，然后利用刷子蘸取颜色比肤色深的蜜粉或修容饼，于下颌线补刷一道。

第二，水汪汪的大眼睛会让人忘记脸的大小。精致的眼线、长而浓密的睫毛以及深浅不同的眼影，所画出来的深邃眼眸往往会使人忘情地将注意力放在眼部，相对忽略脸部轮廓的大小。

具体方法是：将浅棕色眼影均匀地刷上眼窝；利用笔状眼线液在上睫毛的根部，由眼头开始描绘出一道圆滑而简洁的曲线，在眼尾部位轻微地上扬，

再轻轻地将睫毛膏刷上睫毛。

第三，善用唇彩，使脸在视觉上产生变小的效果。善用唇线笔描绘立体唇形，并选择和肤色接近的口红色系，再涂上能集中光线、强调唇部立体感的唇彩。如此一来，利用唇部和脸部的落差所造成的视觉效果，脸便好像变小了一般。

具体方法是：用唇线笔仔细地描绘出上下唇的轮廓；利用唇笔刷均匀地涂上口红，并和唇线充分融合；在唇部中央抹上唇彩。

需要注意的是，选择颜色鲜艳的口红，可以使脸颊看起来较瘦。而且颜色鲜艳的口红还有使皮肤纹理细致、具透明感、表情漂亮等效果。比如，玫瑰色口红对于五官的立体化和脸形的修饰，就有很明显的效果。

第四，请腮红帮忙，让圆脸变小脸。腮红绝对是修饰脸部的绝好武器。不管你的脸形过于宽阔还是笑肌很发达，都可以利用腮红来起到改善脸形的作用。用接近肤色但比肤色稍深的腮红从脸颊斜斜地往太阳穴刷去，视觉上的错觉会让人觉得脸部被拉长了。

具体方法是：在刷腮红时，保持微笑的状态，从脸颊向外眼角处刷；将刷子上的余粉补刷在下巴处；扫匀之后，你还可以用食指蘸点银色眼影粉，在两颊扫一下，能够增加脸形的立体感。

●●使用眼部保养品的方法●●

每个女生都想有一双闪烁明亮的"电眼"。可是如果不注重眼部保养，任凭你有一双天生的明亮大眼睛，也可能会随着年龄的增长而失色些许。所以，在眼部保养问题上，美女们可千万不要马虎哦！

1. 眼部常见问题有哪些

你的眼部问题是什么呢？这一点必须明确。事实上，每个人存在的问题不同，每个品牌产品的功效也不尽相同，明确了自己的问题，选择产品才能有的放矢。

眼部的常见问题有以下五个：

（1）黑眼圈。黑眼圈的形成多由于熬夜晚睡、劳累过度等原因，造成眼周微循环不够畅通、血液缺氧、废物堆积、色素沉淀等。

（2）眼袋。长期疲劳会造成眼周微循环不畅，皮肤松懈下垂，弹性降低，脂肪堆积。

（3）水肿。新陈代谢能力降低，眼部微循环不畅，多余水分不能排出。睡前喝水较多是一个原因；有时眼睛过度疲劳、晚睡，第二天早晨还没有睡饱就强行起床，也会造成水肿。温度、湿度都较高的夏季比其他时候更容易出现水肿的情况。

（4）干燥纹。因为眼周皮肤较其他部位更薄，储水能力较差，容易干燥；加上眼部较明显的动作、表情，最容易形成干燥纹。干燥纹也称为"假性皱纹"，如能及时补充水分，即可在较短时间内消失。

（5）细纹。随着年龄的增长和各种侵害的积累，皮肤新陈代谢速度减缓，弹性降低，胶原蛋白和弹力蛋白的合成减慢，眼皮由于缺乏骨胶原对表皮的支撑而产生皱纹。在这种情况下，单纯补水已经不能解决问题，一定要选择含有抗衰老成分的产品。

2. 眼霜的正确使用方法

事实上，很难有一款眼霜产品适合所有人和所有症状。不同产品选用不同的成分，解决不同的问题。我们在购买眼霜时，虽然无须强记那些生涩的成分名词，但是说明书是一定要看的。各个产品都会在"适用肌肤"一栏标明适用人群或适用症状，对症选用，才能收到最佳效果。

接着，我们要了解眼霜的使用时间和频率。

不同的眼霜产品，其使用要求不同。有的要求早晚各用一次，有的只要求在晚上使用一次，还有一些特护产品，每周使用一次即可。

眼周肌肤比较薄，本身含油脂量也少于其他部位，因此眼霜也不是使用越多越好。超出眼部皮肤自身能吸收的量，会适得其反，长出油脂粒。一般的眼霜，用在洁肤爽肤之后、润肤之前，当然如果产品有特殊要求，就要按说明使用。

那么，怎样才能达到最好的效果呢？

一般的眼部护理品都只是笼统地告诉我们把眼霜用在眼周，其实眼周、眼部是一个比较笼统的概念，很多人都有疑问：眼霜到底用在眼睛的具体什么部位，才能既充分发挥产品功效，又不会出现油脂粒等不良现象呢？

我建议广大女性，将产品最先涂抹在眼眶骨一周，先涂下眼眶，再涂上眼眶，通过按摩吸收，渐渐移到眼睑。

此外，如何使用眼霜也是非常重要的，使用方法不对，完全可能令一款好的产品无法发挥效力。有些产品要求平躺，有些直立即可；有些要辅助按摩，有些贴上即可；有些要停留 5 ~ 10 分钟，有些打圈至吸收即可……每款产品的要求不同，所以再次提醒，在使用眼霜的时候要认真阅读说明书。

3. 护眼小技巧

在这里，提供几个护眼的小技巧。

（1）用无名指按摩。眼周肌肤特别娇弱，按摩时需轻柔，所以应使用无名指。

（2）打圈。按摩时以打圈的方式进行，下眼睑从内眼角到外眼角逐渐向上，上眼睑从内眼角到外眼角逐渐向外，到眼尾处略微上扬。

（3）分界线。以眼眶骨作为"眼部"和整个"脸部"的分界线，在"眼部"使用眼霜，在整个"脸部"使用面霜，两者不要重叠。否则重叠处用量加倍，更易长出油脂粒。

（4）放松运动。剧烈运动后，不是马上停下来休息，而是要做伸展、放松运动，这样恢复得更快。眼睛也是一样，在看完电脑、电视等对眼睛来说比较高强度的运动后马上睡觉，反而不容易从疲劳状态中恢复。所以，当你进行完眼睛的"剧烈运动"后，应该有一个让它放松、伸展的过程，比如眺望一下远处，洗脸、涂眼霜、按摩眼部，或者和家人聊聊天，一些常规的表情会带动眼球轻微转动，这些都是很好的"眼睛放松操"。

●●色斑走开，白皙皮肤"show"出来●●

斑点是美白的大敌。也许你现在不是"斑点姑娘"，但是很快就会发现，色斑无声无息地找上门来了。既然这注定是一场无法避免的相遇，最好的办法就是"知己知彼，百战不殆"。

1. 色斑的分类及治疗方法

第一类是黄褐斑。黄褐斑也称肝斑，多分布于额、颊、鼻等处，呈现不规则的斑片，但对称分布。

黄褐斑的形成与内分泌有关，尤其是和女性的雌性激素水平有关，因此月经不调、服用避孕药、肝功能不全或慢性肾病都会造成黄褐斑的出现。而日晒和精神压力又会加重黄褐斑的颜色，呈现大片的淡黄色色斑。

黄褐斑的治疗方法是：保持愉悦好心情。在所有斑点中，黄褐斑的产生与内分泌和情绪有着重大关系，因此，单纯采用美白产品来改善黄褐斑效果不是很明显。想要彻底祛斑，最关键的是要让自己快乐起来，斑点才会尽快消失。

第二类是黑斑。黑斑又称蝴蝶斑，集中于两颊，看起来就像是一只展翅的蝴蝶。

黑斑的形成有多重因素。长期过度的紫外线照射，皮肤的老化发炎，或长期长痘痘、湿疹，都会刺激皮肤底层黑色细胞生长，产生过多的黑色素，最终形成黑斑。

黑斑的治疗方法是：先祛除老化角质。由于黑斑产生于皮肤的基底层，所以有效的淡斑护肤品应该是作用于肌肤深层，并且能够有效祛除老化角质，从内到外淡斑。平日里可以先进行局部去角质，再进行美白护理。

第三类是雀斑。雀斑通常分布在日光容易照射到的区域，如眼周、双颊、额头、鼻梁处。

雀斑的形成一般是遗传造成的，常在 5 岁左右出现。皮肤白的人更容易有雀斑，青春期和夏季日晒后，斑点数目会增加，颜色会加深。

雀斑的治疗方法是：全年防晒不偷懒。长有雀斑的皮肤很脆弱，每一次暴晒，即使皮肤表面没有明显变化，但皮肤的底层都会受伤，留下印记。黑斑的叠加会加剧雀斑，脸就更黑了。所以无论在室内室外，一年四季都应该使用防晒产品。

此外，对于雀斑的治疗，脸部按摩要适度，每天一次，其方法是用手掌或手指有节奏地沿着肌肤脉络进行适度按摩，每次不超过 5 分钟，动作要轻快温柔。过度的按摩有可能加速肌肤老化，更容易让色斑死灰复燃，不可不防。

2. 治疗色斑需要避开的误区

具体来说，大家应该避开以下几个方面的误区：

第一是长斑初期，盲目祛斑。很多女性在面部刚刚出现色斑，还不是很严重的时候，在没有专业人员指导的情况下，很随意地使用具有祛斑功能的化妆品，自行祛斑。结果是斑越来越严重，治疗难度越来越大，耽误了祛斑的最好时机。其实色斑越在早期，治疗越容易。当然，要选用正确的祛斑方法，否则不仅解决不了问题，反而会加重色斑，增加治疗的时间和经济成本。

第二是祛斑只针对皮肤表面。把色斑看作单纯的皮肤病，治疗时只把注意力放在皮肤表面，大量使用磨砂等去角质层或有剥脱作用的化妆品，一旦停止使用，就会出现严重的皮肤过敏现象，造成色斑加重。

第三是只顾效果，不顾后果。不少患者对祛斑怀有一种急切的心情，总是希望一天两天让自己的面部光嫩如初。正是这种急功近利的心情，使得不少人选择了"见效快"的剥脱法祛斑或短期漂白肌肤祛斑，看起来好像是立竿见影，其实皮肤表层遭到严重损害，自身免疫力大大减弱，经太阳一晒，很容易转化为晒斑、真皮斑等更顽固的色斑，为后期治疗增添难度。

第四是认为色斑不可治。许多在美容院有过多次祛斑经历的人对祛斑失去了信心。其实，色斑是可以治愈的，但它绝对不是由美容师用一两种祛斑霜抹一抹或者食用一些带祛斑功能的保健食品就可以解决的。

对于祛斑人士而言，不仅要有正确的心态，更要避开误区，选择正确的方法，这样便会事半功倍，使美丽早日重现。

●●呵护你的第二张脸，让美丽更完整●●

很多时候，我们需要和人握手，当你伸出手时，假如呈现给别人的是一只皮肤干燥、没有光泽、指甲长短不一的手，那会给人一种什么样的感觉呢？而当你伸出来的是一只柔嫩、白润的手，这又给人一种什么样的感觉呢？

毋庸置疑，女人的纤纤素手与姣好的面容具有同等的审美价值。一个女人，如果有一双纤纤玉手，会使她的魅力大增，美得更夺人、更具体，进而会让男人们更加心生怜爱、心醉神迷。所以，古代文人称女性美丽的手为"玉手"、"素手"、"纤指"等。"玉"有温润、晶莹、滑腻的含义；"纤"则有灵巧、修长之意蕴；而"素"则表现出端庄、清雅的韵味，极尽感官愉悦之能事。更有诗人赞曰："十指尖尖如嫩笋，眉开眼笑是贵人。"这句话恰到好处地赋予了手很强的生命力和独具意义的美感。

可以说，手是女人的第二张脸，是女性美丽外表的补充，纤细修长，洁白温润，绵软似绸缎，滑腻若膏脂，能充分表达出女性的美丽。它令人流连忘返，顿生惬意，并情不自禁地向它移步。

手不仅可以传达女人的美丽，还可以代替"语言"，交谈中的女性一个优雅的手势便能展示出自己或端庄或雅致或清纯的气质，让人获得美的感受，给人留下无限的遐思。著名舞蹈家杨丽萍便是典型代表。

杨丽萍是云南大理白族人，人们将这位从深山里走出来的神秘舞蹈家称为"巫女"，中国台湾地区及东南亚的观众更称她为"舞神"，而杨丽萍的成功一部分归于她有一双特别美丽、特别灵动的手，看她的手简直是一种极美的享受。

　　舞蹈时，手便是杨丽萍心灵的演绎——或喜或悲，或柔或刚，变化无穷，这给她的舞蹈增添了很多美感。如舞蹈《嘎奇奇》象征着一个女人一生都不会缺少爱，在这个舞蹈中，杨丽萍运用10个手指的巧妙颤动，象征连绵不断的春雨，这一动作设计被誉为独特的创编；又如在《孔雀舞》中，她的纤纤巧手一弯一折、一敲一点，展示出了孔雀栩栩如生的灵性，令人赞叹不绝。

　　被问到是否精心地保养双手才有这样的"艺术效果"时，杨丽萍毫不犹豫地答道："那当然！我坚持用温水洗手、用护肤品，尽量不干太多粗重的活儿，因为这是舞蹈家的手，有时候我的手需要比画上画的还要美……"她常常一边说一边舞起手指。

　　女人的手是艺术的，女人用自己温柔、缠绵、灵巧的手编织着一个真实的世界，不仅代表着自身的修养和品位，还建构了一个女人特属的温柔缠绵的角落。拥有一双美手是女人美丽和魅力的资本。因此，要想获得别人的欣赏，女人不但要有一张精致的面孔，更要有一双光滑亮泽、白嫩红润的玉手，随时随地展现自己的美丽。

　　那么，我们应该如何精心呵护自己的素手，打造魅力无穷的纤纤玉手呢？以下几点，你要牢记哦！

1. 勤洗手，洗好手

　　经常洗手是保持手部清洁、白嫩的最简单而重要的方法，不过洗手可不是在盆里洗一洗就好，或者是直接把双手伸到水龙头下一冲即可，而是用流动的水冲洗手部，将手腕、手掌和手指充分淋湿后，抹上肥皂均匀涂抹，反复搓揉双手及腕部不少于30秒。如此反复两三次之后，指间向下，双手下垂进行冲洗。

需要注意的是，洗手时不要用碱性较强的肥皂和洗衣粉，水温不能过冷或过热，否则会伤害手部皮肤。另外，在做家务或搬运重物时，最好戴上手套，以避免手部受损或皮肤干燥、粗糙。

2. 多按摩，塑手形

要经常做手部按摩，这样不仅能够促进局部的血液循环，而且能改善皮肤状况及外观，使双手始终处于光滑柔嫩的状态，还能锻炼手部关节，使你的手变得轻快敏捷，手形越来越好看。具体的方法有以下两个：

（1）握拳伸展。这是解除手部肌肉紧张的良好动作，并可以使手部柔软。很简单，先紧握拳头，然后逐次展开五指，用力尽量伸展五指，然后再紧握拳头。每天做 3～5 分钟，动作要坚定而柔和。

（2）弹钢琴。将双臂和双手置于桌面，与肩同宽。抬起手掌，将重心放在手腕上，手指收屈，指尖分开 2～3 厘米，指尖开始撞击桌面，像在练习弹钢琴一样，一起一落为一个回合，大约做 50 个回合。

这是两个非常简单的动作，只要你坚持做，不但可使手部柔和、灵巧，而且可增进血液循环，连同皮肤和指甲的色泽都会转向红润，而且你完全可以充分利用看电视、听音乐的时间来做。

（3）去角质，多保养。

和面部肌肤一样，手部也容易产生死皮，如果已经长出了老茧，更要记得每周给双手做一次祛除角质的特殊护理。具体的方法是：用少量的磨砂膏按摩双手 10～15 分钟，然后在温水里加上橄榄油，将双手在水里浸泡 5 分钟，擦干之后涂上护手霜即可。

护手霜是手部护理的必需品，可补充水分及养分，滋润皮肤，是一种对手部进行修复保养的好产品。每次洗手之后都不要忘记抹上护手霜；出门、睡觉前涂抹护手霜也是不可忽略的，其中性质较温和，含甘油、矿物质、薄荷、黄春菊等成分的滋润型护手霜是不错的选择。

总之，手是女人的第二张脸，是女性美丽外表的重要组成部分。想要拥有完整的美丽，你一定要做好手部呵护工作，打造一双光滑亮泽、白嫩红润、纤细修长的纤纤玉手，千万不要偷懒哦！

●●教你释放指尖的光彩●●

正如"美丽妆容从美丽肌肤开始"一样，炫目的甲妆从美丽的手指开始。手是女人的第二张脸，指甲堪比这张脸上的"明眸"。美甲在最细微处彰显女人的个性，美丽从指尖开始。

1. 指甲外形的修整

生活中常见的甲形包括方形、方圆形、椭圆形、尖形4种，你可以根据自己的手形和喜好修剪出完美的甲形。

（1）方形指甲。一般来说，方形指甲比较个性且不易断裂，比较受职业女性的喜欢。

（2）方圆形指甲。方圆形的指甲前端和侧面都是直的，棱角的地方呈圆弧形轮廓，这种形状会给人以柔和的感觉。对于骨节明显、手指瘦长的手，方圆形指甲可以弥补不足之处。

（3）椭圆形指甲。椭圆形指甲从游离缘开始，到指甲前端的轮廓呈椭圆形，属传统的东方甲形。

（4）尖形指甲。尖形指甲由于接触面积小而易断裂，而亚洲人指甲较薄，不适合修成尖形。

2. 指甲油的选择

指甲的外衣当然非指甲油莫属，只有选中一款适合自己的色彩，才能让自己的手指更美丽。

（1）肤色偏黄者如何选择指甲油。手部肤色偏黄的人，橘色、棕色系的指甲油，可以让肤色看起来较明亮，粉红色可能会让皮肤看起来暗暗的，可以用白色或者偏白的粉色指甲油，打造清爽的感觉。

（2）肤色偏黑者如何选择指甲油。要避免使用绿色、黄色。闪闪发光的金色、古铜色，甚至耀眼的大红色，都有相互辉映的效果。半透明的金色或金属色系也推荐偏黑肌肤的人使用，显得个性十足，甚至有些性感。

（3）肤色红嫩者如何选择指甲油。无论是浅浅的粉红、粉桃乃至浅咖啡色，都能让你的手看起来纤细修长。

（4）肤色白皙者如何选择指甲油。皮肤白皙者在颜色的选择上很多元，可以选择自己喜欢的颜色，或做大胆尝试，比如民族风格的湖水蓝指甲油，无论怎么夸张都不过分，而且尽显活力。

和相对固定的肤色不同，指甲每天穿的衣服颜色都不同，所以如果你不想买一大堆不同颜色的指甲油来适应服装色彩的"日新月异"，可以只买几个主色与几个原有的色彩一起倒入空瓶。充分摇匀后，就可以调制出自己专用的色彩。

几种必买的基础色彩包括：白色，可以增加指甲油的粉彩感，浅化色彩；黑色，能够加重指甲油的彩度，呈现浊色及深色的色感；带银粉的珍珠色，增加指甲油的亮度以及搭配具有光泽感的衣服。

3. 指甲油的涂法

指甲油的涂法是：先将手洗净，消毒，用磨砂条修整指甲形状。在指甲表面涂层加钙底油。先用小毛刷蘸足指甲油，但不能蘸过多，最好在瓶口轻轻拭过，并将毛刷调整平顺。从指甲下端的中部开始往上刷，先涂指甲的中间，从指甲底涂一道指甲油到指甲尖。第二笔和第三笔自甲根两侧向甲尖涂，这样可以避免最常发生的厚薄问题与不必要的修改。将指甲没涂到的地方用长条状涂满，如果指甲较宽就没有必要全部刷上，而是在指甲两边留下空隙，这样会使指甲看上去修长。待第一遍甲油干透后，再按上述方法薄薄地涂第二遍，加强颜色。涂完甲油后如有多余甲油溢出，用棉签蘸洗甲水将多余甲油擦去。再涂上一层亮油。如果你想要的甲妆效果比这夸张，那就在指甲上贴上晶莹璀璨的水钻。

值得注意的是，切勿使用便宜洗甲水！市面上有含高浓度丙酮的洗甲水，价格便宜，却能又快又干净地洗甲，但这种洗甲水非常伤指甲，长期使用指甲会变黄、变薄，非常脆弱，购买时一定要小心。选择洗甲水时，最好先看清楚其成分标识，添加羊毛脂等滋润成分的最有利于指甲的健康美丽。

4. 让指甲更加美丽的小技巧

如何让指甲更加美丽？我们可以运用下面7个小技巧：

（1）除了家里的梳妆台，我们还应该把护手霜放在皮包里、车子上和办公桌的抽屉中。而且，涂抹护手霜的频率要和擦涂唇膏的频率相当。

（2）双手浸泡在温热的水中5分钟后，在手上涂上营养按摩产品，双手互相按摩，因为血液循环不良会使指甲黯淡，所以要充分按摩，使血液流动到双手及甲床。关节部位应多次重复按摩动作，减少皱纹。在祛手部角质时，要注意对指甲周围的角皮做适当护理。这个过程每周一次。

（3）每两个月要做一次指甲的深层护理，可以尝试使用磨砂泥或者维生素 H 胶囊。蛋清也可以让指甲更坚韧。

（4）如果指甲比较薄，要经常使用橄榄油来护理指甲，这样会使指甲更柔韧，最好每天护理一次。

（5）准备一套美甲工具，每月一次，用细致的指甲锉使指甲表面变得光滑平整，保持指甲在抛光状态，这不但是"前奏"，也是一个精致女人追求的细节。

（6）如果你嫌指甲润泽度不够，也可以为自己的指甲"美白"：把蜂蜜和柠檬汁混合，涂在指甲上，5 分钟后彻底洗净，这样会使指甲变得白皙透明。

（7）把保湿乳涂在指甲表面润滑，用中指以点按方式按摩，可防止其断裂。另外，可在擦指甲油之前使用刷子将其涂在指甲表面。

●●做一个唇齿生香的迷人女性●●

现在，"口气清新"越来越成为评定一个女人是否迷人的重要因素。一个外表美丽的女人，若是有着令人难以忍受的口气，那她的评分也会大打折扣。

但是有的女性明明很注重口腔卫生，早晚都刷牙，但就是无法消除难闻的口气。其原因除了口腔卫生做得不好外，便秘、饮食不当、肝功能不佳等体内症状都会造成口气。情况严重的，应该及早求助医生，而症状比较轻的人则可以通过以下的方法来改善口气。

1. 绿色饮料

绿色饮料是对抗口气的最佳方法，并且可以利用叶绿素作为漱口水，有助于口气清新。这种绿色饮料可以用小麦草、苜蓿芽汁及大麦草汁作为主要材料，每天来一杯叶绿素汁（1 杯水、2 汤匙叶绿素汁），效果不错。

2. 每天吃 250 毫克的维生素 C

维生素 C 可帮助恢复健康的牙龈及防止牙龈流血，并且可以有效排除口腔中过多的黏膜分泌物及废物（这些物质是导致口气难闻的因素之一）。

3. 清水

喝水是清洁口气的有效方法。事实上，无论健康师、模特、明星还是名媛都会建议你多饮清水。

4. 苹果

早上第一件事是吃一个苹果，保证胸中的闷气全消，是所有消除隔夜烟味方法中最有效的。

5. 牙线剔除

用完餐后，刷刷牙齿、舌头，同时使用牙线剔除牙缝里的肉屑、菜渣，清除牙缝的污垢。另外，最好每个月换新牙刷，也要防止牙刷上细菌累积。

若上述方法还不能解决口气问题，那么你的身体可能正发出健康状况不佳的某种信号，此时就不单单是口气问题了，而是需要好好到医院做检查了。发现危害健康的症结，再对症下药，就可以早日解脱口气难闻之苦。

第 **7** 章

仪态是最好的 "化妆品"

培根说："形体之美要胜于颜色之美，而优雅行为之美又胜于形体之美，最多的美是画家无法表现的，因为它是难以直观的。"身为女性，要给别人留下美好的印象，外在美固然不可小觑，但优雅的举止、高雅的谈吐等内在涵养同样重要，甚至更为重要。

●●完美仪态打造无限魅力●●

西方有个神话，说的是一个清晨，海浪拍打着礁石，在浪花的泡沫中，诞生了美丽的维纳斯女神。她的美丽，让天地惊叹，让众神不能眨眼。从此，她成为象征爱与美的女神，也成了世世代代女人心目中完美女性的代言人。

西方画家喜爱维纳斯，他们总是不停地描绘维纳斯的美丽。画家画美女，大多不是凭空想象，而是有现实的模特。有些画家的模特就是自己的妻子，比如英国拉斐尔前派著名画家罗塞蒂；还有一些雇用专业模特，如法国雕刻家罗丹；还有人（数量不少）在大街上观察来来往往的女人寻找灵感。最擅长画圣母的拉斐尔，平时最大的爱好就是在街上闲逛，看到一个美女，不管那个人是农妇还是贵妇，一定尾随其后，哀求对方当他的模特。对方不答应他就一直跟着，幸好"文艺复兴"时期的欧洲民风开放，那些女人没把他当成跟踪狂告上法庭。

画家寻找中意的模特，看的不只是美丽的脸蛋，最重要的还是模特是否有独有的仪态气质：可能是街角露出的一个背影；可能是咖啡店端庄宁静的侧脸；可能是风刮起来时，被矜持压住的长裙；也可能是阳光洒下时，抬起雪白的手臂戴上大草帽……

画家的灵感要从动态的人物中寻找。画上的动作是静止的，模特可以按照画家的要求摆出一个最美的姿态，画家再凭自己的想象，把这个姿态描画得更美。用画面固定最美的那个仪态，这就是为什么那些世界名画能给我们以源源不尽的美感。

现实生活中，那些引人注目的女性，在仪态上大多可以做到十全十美。比如红地毯上的女明星们，她们每走一步，每次对镜头挥手，每一个微笑，每一次弯身，都没有任何惊慌、局促，而是从容又优雅。如果你去翻看这些女星刚出道时的照片和录像，会发现她们也有过青涩的时候，她们有各种"小动作"，有时还会被记者拍到出丑的镜头，和如今的仪态万方简直判若两人。

由此可见，女人不能拥有十全十美的外表，但只要努力，一定能拥有十全十美的仪态。

　　下面就让我们明确一下仪态的概念。仪态，是指人在社交活动中的姿势、表情和风度，这也是仪态的三个层次。

　　仪态的第一层次：标准、有美感的姿势。

　　姿势标准是打造完美仪态的第一步。没有人规定你一个步子要迈出多少厘米，手臂要扬起多高，或者脚抬起多高；也没有人规定你坐下的时候，先拿把尺子量量腰身与椅垫是否呈 90 度。仪态标准没有精确数据，只有大概范畴，步调适宜，坐姿自然，让人觉得你不急不躁，彬彬有礼，这就是满分礼仪。

　　美感由何而来？美感由和谐而来。每个人都有自己的气质，每个人的仪态必须符合这种气质才会美。一个五大三粗的汉子，如果有礼有节，即使有的时候不拘小节，豪放一些，人们也会觉得他的仪态没有问题。但如果这个汉子非要模仿大家闺秀的仪态，那就是不伦不类，必定贻笑大方。

　　同理，女性要追求合乎自己气质的仪态。你是大家闺秀，就要保证每个动作都端庄到位；你是小家碧玉，动作就要以温婉为主；你中性，动作要利落才不显累赘；你是个玩摇滚的个性女，那么豪放的动作同样可以使你合乎标准仪态。因此，姿势没有一定之规，唯一的规矩就是与你特有的气质吻合。

　　仪态的第二层次：自然亲切的表情。

　　一张美丽的脸满足的是人的视觉观感，亲切的表情才能给人心灵上的愉悦。有些人认为表情不需要锻炼，那是因为这些人没仔细研究过自己的表情有多少不和谐的 "死角"。比如，有的女人没想过她们的微笑让人觉得假，无意的动作让人觉得俗，她们还以为自己的表情毫无缺陷，实际上还差得很远。如果不加以改善，即使动作再美，表情也会让别人对你的印象大打折扣。

　　如何做到待人亲切？这不是一脸假笑所能达到的效果。所谓相由心生，如果你心里对社交场合不屑一顾，对结识他人充满排斥和应付心理，那么你的表情也会出现冷漠、不耐烦，让人在一瞬间捕捉到，和你寒暄一两句马上走开，这样的你，绝对不亲切。

要发自内心地乐意与人接触，就算你不是时时刻刻都想交朋友，不想和某些人有密切的来往，你也要做到尊重那些和你打招呼的人，不要失了自己的礼数。只要这样想，你的表情就算不那么亲切，也绝对不会别扭。

仪态的第三层次：举手投足大家之风。

做到以上两点，就可以向最高层次的仪态迈进。这是一个需要磨炼的过程，需要有足够的底气和自信，这样才能在与他人交往时神采飞扬，任何时候都不露怯；这需要无数次的社交实践，保证自己能够应对所有场合以及突发事故。

大家之风所包含的内容很多，比如人的品质、学识还有性格的外露，这种融合不是一朝一夕就能完成的。所以，有大家之风的人绝不会是刚出校门的小姑娘，而是有阅历的"熟女"。别以为只要磨炼自己就能有这种风度，姿势、表情可以练出来，而大家之风就只能靠"悟"，要一边提高自己的学识和修养，一边与所有人形成良性互动，还要摸索自己最引人注目的优点。有大家之风的女人能达到什么效果？当她出场时，即使她没发出声音，场内的人也会不约而同地看向她。想成为这样的女人，你要走的路还很长。

仪态之事，说少不少，说多也不多，只要按照上述三个顺序层层锻炼，不偷懒，不要小聪明，一步一个脚印，你一定能成为仪态高手。到那时，你就会发现自己的女性魅力已在不知不觉中被发掘。对着镜子，你会发现自己的姿态越来越恰到好处，随时都像一幅画，你会情不自禁地喜欢上这样的自己。

●●别让举手投足出卖你的优雅●●

大街上熙来攘往的人流里，有多少美女优雅地从我们眼前飘过。可在现实的生活中，能入我们"法眼"的可就没这么多了。原因何在呢？

其实，这主要是看似花枝招展的美女们，常常因为一举手、一投足而暴露了其粗俗的一面。也就是说，真正能做到时时处处都优雅得体的女性，可不是一划拉一大把。

要成为一个优雅的女性，先要举止大方得体，这也是最基本的礼节养成的习惯。身为女性，要给别人留下美好的印象，外在美固然不可小觑，但优雅的举止、高雅的谈吐等内在涵养同样重要，甚至更为重要。

我们知道，容貌会随着时光的流逝而渐渐衰老，但优雅端庄和彬彬有礼的举止却会像陈年的老酒一样，越沉淀越香醇。换句话说，一个女人可以长得不够漂亮，但是只要具备优雅得体的举动，她们就会比那些仅仅容貌俏丽的女性更胜一筹，因为这种含蓄的美更加动人。而一个不管多么青春靓丽的女性，如果以泼妇形象出现在我们面前的话，那么只能让我们感觉这人太粗俗、太没文化，让人避之唯恐不及。

在某市，28 路公交车到站后，下车的乘客陆续走下来，上车的乘客们正排队上车。这时候，只听一个尖声亮嗓大喊："快点行不行呀！前面怎么那么慢，没吃饱饭呀！"

顿时，人们纷纷把目光聚集到这个容貌美丽、身材窈窕，但出口不逊的女孩身上。

按理说，这时候女孩会害羞，会感觉不好意思。可这个女孩越发来劲，见人们瞅她，更是满嘴怒气地撒泼："看什么看，上车不利索不能说呀！"

这样一来，全车的人有的露出讥讽的笑意，有的摇摇头，有的窃窃私语……

很大程度上，我们的行为举止实际上是一种无声的"语言"，它能够真实地反映出一个人的素质、受教育水平及能够被人信任的程度。

我们的老祖宗早就教导人们"站如松、坐如钟、行如风"等举止美。唐代的李欣也曾经说过："礼貌举止好比人的穿衣，既不可以太宽也不可以太紧。"

现如今，大到社交场合，小到居家过日子，无时无刻不在反映一个女人的举止是否得体。能够称得上真正美丽的女性，一定是内外兼修、大方得体的人。

那么，生活中我们该注意哪些行为举止，而不"出卖"自己的优雅呢？

1. 在与人交谈时，不要抖腿或者晃脚

有些女性朋友在坐着与人交谈时，会不自觉地抖腿或者晃脚，这种无意识的习惯会让别人觉得你是一个轻浮、随便、缺少教养的女人，对你的印象大打折扣，无形之间，你的魅力系数也会受到很大的影响。

所以，在日常生活中，尤其是在公众场合，女性朋友们一定要注意这一点，千万不要让这种习惯为你"抹黑"。

2. 用完餐后，不要当众剔牙

出于习惯或者牙缝大、牙齿不整齐等原因，有些女性朋友喜欢在用完餐后当众剔牙，这种毫不避讳当众剔牙的行为是非常不文明、不礼貌的，不仅

影响别人的食欲，而且会破坏自己在他人心目中的形象。试想，有哪个魅力女人会在用完餐后当众剔牙呢？

因此，无论在什么场合，无论在什么情况下，女性当众剔牙都是有损形象的，应该坚决杜绝这种行为。更何况，经常剔牙也不利于牙齿健康。

3. 公众场合，不要交头接耳

在公众场合经常与人交头接耳，这是很多女性的通病，也是破坏女性形象的 "隐形杀手"。这种嚼舌头咬耳根、交头接耳说悄悄话的行为不仅会让别人认为你是一个非常小气、爱搬弄是非的人，而且会让旁人疑心你正在说他的坏话，对你产生反感。

不管怎么说，这种行为于人于己都有百害而无一利。所以，日常生活中，女性朋友们一定不要养成这种坏习惯，否则将会给自己带来不小的麻烦和苦恼。

4. 不要当众抠鼻子、随地吐痰、乱扔垃圾等

相信不管是女性还是男性，这些不文明的习惯都会让你的形象大减分，尤其是女性，在卫生、文明、礼仪等方面更应该多加注意。一旦出现类似的不良习惯，就会给自身的 "形象工程" 带来毁灭性的打击。

试想，有谁会对一个有当众抠鼻子、随地吐痰、乱扔垃圾的女人产生好感，留下好印象呢？所以，女性朋友们一定要注重生活中的每一个细节，养成良好的生活习惯。

5. 不要抱怨个没完，唠叨个不停

这也是很多女性都有的不良习惯。只要一遇到点挫折或者不顺心、不如

意的事情，就会愁眉苦脸，开始喋喋不休地抱怨这埋怨那，似乎这个世界上所有的人都亏欠了自己似的，这种行为是非常容易惹人反感的。

的确，一个满腹牢骚、唠里唠叨的"怨妇"又有什么魅力可言呢？所以，还沉浸在抱怨中的女性朋友们，请赶快醒悟吧，不要逢人就哭诉，也不要一遇到不顺心的事情就唠叨个没完，这些只会让自己在他人眼中的形象越来越差，甚至会招人嫌弃。只有改正这种不良习惯，你才能拿到修炼魅力女人的"许可证"。

6. 公众场合，不要大声打电话

你是否遭遇过这样的经历呢？公交车上，某女士旁若无人、肆无忌惮地打着电话，说话的分贝大有赶超汽车喇叭之势，狂放的笑声久久回荡在整个车厢的上空。这个时候，你是怎样的感觉？相信不管这位女士长得多么漂亮，穿着打扮多么讲究，大多数人都会向她投去厌烦的目光。

这当然不是想象出来的场景，现实生活中，确实有一部分女性有这样的习惯，为了打发无聊的时间，她们在公交车站等公众场合大声地打着电话，根本不顾及旁人的感受。这种"将自己的快乐建立在别人的痛苦之上"的自私行为是非常不道德的，也会让自己的形象在他人心目中大打折扣。所以，想要修炼成为魅力女人的女性朋友，一定不要重蹈这种覆辙，而应该对这种不良习惯坚决说"不"。

7. 任何时候，都不要说脏话、骂粗口

不论是女性还是男性，这种习惯都是非常恶劣的。特别是对于女性来说，开口闭口就是脏话，动不动就骂粗口，这种行为极其招人反感，会让他人觉得你是一个没有教养、素质低、不自重的女人，而你在他人眼中的形象也会

在无形之中大打折扣。

日常生活中，每个人都会有或多或少的不良习惯，这些习惯一旦养成就会自然流露，当你不经意、无意识地表现出这种不良习惯时，你可能根本没有想到它正在一点一点地毁坏你的形象。

为了避免各种不自知的行为发生在自己身上，想要修炼成为优雅的魅力女人，就应该从根本上杜绝不良习惯。请记住，优雅不是美丽的形式，而是美丽的内涵。

●●礼仪训练，一朝辛苦一世受益●●

我有一位礼仪导师曾经跟我分享她的故事，她说，我认识的年轻女孩常问同一个问题："如何像你一样，有这样好的仪态？是不是每天都要对着镜子练习？还是学习舞蹈？你是不是时时刻刻都在留意自己的每一个动作？"

每一次，我都会很详细地回答，因为我完全理解她们的心情，但是我无法给她们指出一条捷径。礼仪需要训练，甚至苛刻的训练才能达到真正的规范；需要长时间的揣摩，才能做到真正的优美。我常常告诉她们："最简单的办法，你们试着去做礼仪小姐，一定要做正规活动的礼仪小姐。如果你能进入一家礼仪公司工作一段时间，一定会有所收获。"我认为，以礼仪小姐的标准来要求自己，适当地融入自然和个性，女性的风姿就会无懈可击。

听到这个建议的女孩们半信半疑，一个叫小艾的女孩当即说："好，我回头就去试试！"没多久，小艾果然去一家公司当礼仪小姐，她以为自己能在实践中学到真正的礼仪。不过，公司不是先给她们安排工作，而是把她们送进一个短期培训班，学习的内容是如何站立、行走、落座、握手、说话、接物，甚至连接电话的声音都有严格的规定。训练的那段时间，小艾的自信崩溃了，她发现每一个自认得体的动作，都有数不清的毛病，而且一天下来腰酸背痛，瘫在床上起不来，还要想着老师说的，"睡硬板床有利于保持笔挺的腰身"。

小艾工作3个月，薪水少得可怜，累得瘦了一大圈，但她认为"太值了"，她再也不会问我诸如"你是不是随时留意自己的动作"之类的问题。因为现在的她不论出席什么场合，都昂首挺胸，落落大方，根本不用担心自己的某个行为会让人不悦或看着不雅，她常说："那根本不可能，我可是从地狱里活过来的人！"

有时候，小艾会同情地对我说："这方法这么有效，你当初一定也是这么过来的吧？"

我说："如果你觉得经历了地狱，我恐怕就是经过了第十八层……"我之所以这样说，是因为自己的礼仪训练真是苦不堪言。

大学的时候，我的导师邀请包括我在内的几个学生去他家里吃饭。他有一双儿女，一个4岁，一个5岁，吃饭的时候，我发现这两个小宝贝非常乖，端端正正地坐在桌子旁，吃自己盘子里的食物。没有其他小孩子的上蹿下跳，或指着盘子说"爸爸我要吃这个"、"妈妈给我拿那个"，大家不禁夸了几句。

导师的太太是个英国人，她很骄傲地说："因为我从小就训练他们，如果他们吃饭发出一丁点声音，我都会罚他们不准吃饭。"见我们咋舌，她又说，"我小时候就是这样被妈妈训练的。我也抱怨过妈妈，但现在我感谢她。"我早就觉得这位太太仪态特别好，听了她的话，又留心观察一番，把她与自己一比较，我大受打击，当即下定决心，一定要学正规的礼仪！

费了一番周折，我找到一位将近70岁的英国老太太——史密斯太太做我的礼仪老师，这位太太生在一个老派的英国家庭，对礼仪最有心得。我们一起吃了一顿饭，她对我的动作、讲话一个劲地皱眉，最后直白地问："上帝啊！你的父母怎么能允许你这个样子？"我被这句话气得七窍生烟，但为了学习，我忍。

学费是这样算的：我教她的外孙女中文，她指导我礼仪。她的外孙女是个有礼貌又可爱的女孩，和她相处非常愉快。但史密斯太太却是我的噩梦。英国人古板的家教，英国老太太固执的个性，让我吃尽苦头。她不苟言笑，从不夸奖我，每次都说我这里不对，那里不对，还说我像牛一样蠢笨。容忍这样的打击之后，我还会抽大量的时间一遍遍地练习，我不得不佩服自己的毅力。

值得庆幸的是，我"毕业"时，史密斯太太终于对我露出了微笑，并夸奖我说："现在，你已经是一个淑女了！"我没有高兴的感觉，因为我想到她每天让我一次次对着镜子走来走去，稍有不对就厉声训斥，有时候还会用一把尺子打我，那毫不留情的"啪啪"声，让我至今想起来还心惊肉跳。

后来，当认识的人不断地夸我"气质真好"、"看着你觉得特别养眼"，当我发觉不论出席什么样的场合，我都能进退自如，当身边总有人向我讨教"礼仪秘诀"时，我才真正意识到自己得到了什么，也越来越感谢史密斯太太的严格与负责，更庆幸自己当初主动去找礼仪老师，庆幸自己没有在史密斯太太的苛刻训练下退却。

如果有人问我："你觉得女性最需要学习的是什么？"我会毫不犹豫地说："礼仪！"是的，不是穿衣打扮，不是读万卷书，不是行万里路，女人最需要学习的是正规的礼仪。完美的礼仪，能让你的形象有天翻地覆的转变，深刻的礼仪心得，能让你在交际场上如虎添翼。仪态是气质的基础，是格调的基础，是一个魅力女人必须学习的课程。

学习礼仪绝对不难，只要下功夫，每个女人都能学会，都能出师，但学习礼仪绝对是一个吃苦的过程，值得庆幸的是你吃的苦越多，结果就越好。请现在就搬出一面镜子，重新审视你的身姿风度，补一堂女性礼仪课，让你在举手投足间，都散发无与伦比的女性魅力。

1. 淑女仪态宝典

我不止一次说过，女人要美出自己的个性。但在仪态这个问题上，我要不止一次地说："先抛弃你的个性吧！"

仪态是由什么组成的？动作。站的动作，坐的动作，走路的动作，握手的动作，这一连串的动作，如果你达不到端庄大方的标准，就是不美。你说按规矩走路太死板？好，我们先看看不按规矩走路的效果：

走路，别人走直线，你一会儿东倒，一会儿西歪，走出一条 S 形曲线，你以为你在拍徐克的《青蛇》？

落座，别人腰板笔直，你瘫在椅背上，像一团烂泥。

握手，别人伸臂直，触手暖，你摇来晃去表示热情？只会让人觉得不礼貌。

站立，别人端端正正，你非要摆个 Pose，芙蓉姐姐都不这么摆了……

站有站样，坐有坐样，这是千百年来人们总结出的最简单也是最实用的礼仪原则，老祖宗的智慧不会害你，不听老人言，你就等着吃亏吧！

2. 各种仪态规范训练

端正学习态度后，废话少说，练吧！要拿出礼仪小姐的训练模式，要拿出模特走台的风范与精神，练习得越用心，收获就越大。女人要对自己狠，就要狠在这一方面。

下面，就让我们来学习一下各种仪态应有的规范。

第一是站姿。

站姿四要素：抬头、挺胸、收腹、脊背直。不明白？马上找一面墙壁，背靠在上面站稳，最好头顶再顶一本《现代汉语词典》。站稳，别晃，现在明白了吗？那就每天练习半个钟头，直到身体习惯这个姿势。这个练习的好处显而易见，解决驼背问题，再也不用担心佝偻的身形，而且心态也会跟着变得笔直高昂。

你担心这么练习会变成一具笔直的僵尸？不可能，因为你是女人，你有天生的柔软线条，你的笔直带来的效果只有一个——亭亭玉立。

再附赠几条站立意见：站立的时候最好不要叉腰抱胸，或者把手放在裤袋里，你以为这些动作代表强大的气场，代表随意，其实在别人眼里，代表的是泼、满不在乎和紧张。如果实在不知道手臂该怎么摆，那就拎包上阵吧！女人手中一个优雅的坤包，最合适不过。

第二是走姿。

站好了，可以开走了。那本《现代汉语词典》不要从头上拿走，就这么放着先走几步。"砰"的一声，字典掉了，说明你的走路姿势不合格，开始练吧！有人小心翼翼地迈着小碎步，维持字典的稳定，没掉？也不合格。看看你走路的姿势，小猫去偷鱼就这么走路！快练！

行动时不要像林黛玉一样弱柳扶风，一阵风就能刮走，现代女性的美源于自信，而不是娇弱。如果还找不到感觉，不妨试试慢跑或者去健身房，一段时间后，你的身材自然就会更加挺拔健美。

走起来的时候，同样要记住"抬头、挺胸、收腹、脊背直"，手腕放松，自然摆臂，不要小碎步也不要大跨步，不要低头而要直视前方。最简单的方法是找个你认为走路姿势美的女人模仿，我说过，礼仪训练要抛弃个性，你模仿个好样板（只要这个人身高胖瘦和你相近），就不会出现"东施效颦"的悲剧，因为优雅的仪态，本来就是一代传一代的。

第三是坐姿。

落座是个学问，因为这需要转变姿势，由动态转变为静态。形态转变的时候，别人最容易注视你，那么如何转变形态才美呢？

先看如何坐下。"坐下"这个动作就像一篇文章的转折段，坐下以后呢？跷二郎腿这个动作显然不适合女性；懒懒散散地靠在椅背上也会让你的形象打折；双腿不断抖动，你觉得舒服，却是代表你不成熟的标志动作；总是变化姿势，时而交叉时而分开，会让人觉得你想马上走。想要坐好，牢记以下两个原则：

其一是"直角原则"。即上半身与大腿、大腿与小腿、小腿与地面都形成直角。这条原则能够保持上身挺直、端正，让整个人显得自信而真诚，多用于正式场合。

其二是"1/3 原则"。即坐下以后，只坐凳子的 1/3，两腿可以向右弯曲，把右脚藏在左脚之后。还有，两腿分开距离不可太宽，手自然垂直地放在大腿上面。这种坐法，证明你是一个淑女。

第四是蹲姿。

对于女性来说，"蹲"这个姿势想要做好其实不容易，如果可能，尽量避免。因为如果穿裙装，蹲的时候要防止走光，否则很容易让男人的眼睛占了便宜，在更多人眼中，是大不雅；穿着裤装倒不怕走光，但想把这个动作做得有美感，还真需要反复练习。因为太过小心，别人会以为你在做起跑姿势，太不小心，别人又会觉得你蹲得大大咧咧。

如何才能蹲得好看？你需要一面落地镜来练习，你要练习的蹲姿有 3 种：

第一种，让左脚在前，右脚在后，两腿并紧向下蹲。左脚全脚着地，小腿基本垂直于地面；右脚只需脚掌着地，脚跟要提起，右膝内侧靠在左小腿内侧。总结一下，就是左膝高，右膝低，身体重心在右腿。

第二种，两条腿并得紧紧的，一条腿单膝着地，臀部顺势坐在脚后跟上，只需脚尖承担重量；另外一条腿全脚着地，小腿垂直于地面，双膝同时向外用力。总结一下，就是"跪姿"，这种姿势的好处是蹲得稳、起得稳，不易让身体摇晃。

第三种，最适合穿短裙的时候使用，也是难度最大的一种。开始下蹲，右脚在前，左脚在后，右小腿垂直于地面，全脚着地。然后是重点！右腿在上，左腿在下，二者需要交叉重叠，左膝盖由后下方伸向右侧，左脚跟抬起，并且脚掌着地。完成！现在只需两脚靠紧，支撑住你的身体。有点复杂？按照字面指示做，没你想的那么难，但想要掌握这个动作，你需要练上一阵子。

蹲的时候要注意一点，就是臀部务必要向下，不要撅起来，这是最不雅的举动。还有一种不算蹲姿的蹲姿很有美感，就是在捡掉落的东西时，不蹲只弯下腰，用手拿起地上的东西，这需要你的腰身足够柔软，能够承受这样的动作才行。如果没有舞蹈底子，还是不要模仿这个动作，不然要么弯不下去，要么收不回来，更尴尬。

第五是握手的姿势。

在社交场合，握手的主动权一般在女性手里，由你负责先伸出手。手心有汗是大忌，会让人极度不舒服。所以在进入一个社交场合之前，用随身携带的纸巾擦干手心是常识。如果是别人向你伸手，要先对对方注目、微笑，再身体前倾，四指并拢，拇指张开，手心朝上，在一步左右的距离伸右手与之相握。注意别伸错手，那你就糗大了。

如果对方是老人、上级、贵宾，你先伸手就是失礼，要等对方先伸手，如果对方无意与你握手，也不要耿耿于怀，面露不悦。不要用力摇晃，除非这个人让人觉得好像认识了三辈子，相见恨晚，你一定要和这个人打一辈子的交道，才能用这种方法表示你的亲密。

将上述仪态规范动作练好，然后在实践中总结不足，继续练，直到完美。这时你已经是半个淑女了，在别人眼里，你彬彬有礼，热情大方。之后，我们要在表情上下功夫。

●●微笑是午夜的玫瑰，对着镜子练习吧！●●

中国台湾地区著名歌手、音乐制作人李宗盛唱过一首《鬼迷心窍》，其中有句歌词，细想很有味道。他说起旧情人，"有人问我你究竟是哪里好，这么多年我还忘不了"。一个被别人问"她到底哪儿好"的女人，自然不是大美女，大才女，或者个性鲜明的女人，她应该很普通，但也不普通。

会让人在多年后依然"鬼迷心窍"，除了刻骨铭心的感情，情人眼里出西施的偏爱，剩下的那些迷恋，当然是因为这位女性本身具备的独特气质，让歌者在多年之后依然为之倾倒。是怎样的独特呢？是"春风再美也比不上你的笑，没见过你的人不会明了"。

我想这位女性必然是爱笑的，不是那种银铃般有声的笑，而是无声无息的微笑。春风再美，也只是一种感觉，不是桃红柳绿、草长莺飞，而是温暖宜人的气息。女性在微笑的时候，最能让人产生这样的联想，她微微一笑，寒冬转暖，万物复苏，别具春风之美。但春风再美，也比不上心上人的笑，因为春风年年都来，心上人已不在身边，物是人非，让人伤感。

美国名模辛迪·克劳馥说："女人出门如果忘了化妆，最好的补救方法就是亮出她的微笑。"女人的微笑有魔力，即使平凡的五官，黯淡的容颜，也能因为她一个春风般的微笑，而瞬间鲜活明亮起来，给人留下最深刻的印象。

微笑是一种礼貌，用微笑来面对每一个人，是个人修养，会让人觉得他们受到你的欢迎，能够赢得你的好感，进而愿意与你接触。一个面含春风的女子，比起那些"艳若桃李，冷若冰霜"的"冰美人"更可爱。

发自内心的微笑让他人觉得温暖，能够体现你性格中柔情似水的一面。胆怯的人会因此受到鼓励，严厉的人会因此受到感化，它能使矛盾得到缓解，能使谈话在最好的气氛下进行。特别是发生争吵时，微笑可以作为停战信号。女人可以用微笑来随机应变，达到最好的沟通效果。

1. 练习微笑

想做一个与众不同，让人过目不忘，第一眼就能够给人留下好印象的女人，那就必须练习如何微笑。不要小看"练习"这个步骤，很多女性认为笑不用练习，眉一展，嘴一撇，不出声，不就是微笑吗？这样想就大错特错了。不信，对着镜子观察一下你的笑脸，你会发现很多地方不尽如人意。

你首先会觉得："咦，我笑起来怎么这么傻？"是的，一个人对着镜子笑，第一个感觉就是"傻"，这个行为很傻，镜子里的人也很傻。这恰恰说明你的微笑不到位。那些女明星们对着镜头，随时随地笑得像一朵花，她们傻吗？当然不，那她们是怎么做到的呢？

其次你又觉得笑的时间有点长，肌肉僵硬，笑起来假。是的，时间超过半分钟，你就会觉得笑容变假，那么你以为那些微笑起来很美的女人，真的见了每个人都觉得喜悦无比，能发自内心地笑出来吗？她们哪有这么丰富的感情！她们和你一样也有一天忙到晚的工作和应付不完的琐事。她们对人的微笑，多数也是反射性、礼貌性的微笑，她们之所以能笑得如此亲切，如此不勉强，一来是因为她们对人友好，身上有亲和气质；二来是她们曾下苦功练习微笑。

现在相信你已经认同了我的观点，那就不要多说，对着镜子练习再练习吧！什么？怎么练？好，我再附赠一份简易教程。

先找一个你认为笑起来很美的女人，不管她是女星、模特、名人，还是邻居太太，但一定是让你感觉"她笑起来太好看了"的女人。然后一遍遍地观察她的笑容，跟着学，还要录下自己的微笑，以便揣摩。

如果发现自己怎么笑都笑不出人家的味道，很显然，你找错人了。这个人的气质和你截然不同，模仿她也没用。赶快找下一个，找一个和你年龄气质相仿、笑起来又很美的女人。然后就是不厌其烦地练习，这个时候不要觉得镜子里的自己很傻，练习几十遍就觉得嘴角抽搐，面部僵硬。要想达到自然的效果，先把一个你认为完美的微笑练习一千遍，才能让身体记住这个动作，让大脑记住这种感觉。

现在你已经"会"微笑了，接下来需要做的就是巩固自己的微笑形象。每天出门前，化妆后，对着镜子笑几下，是不是觉得心情变得更好？精力变得更充沛？而且再也没有从前那种"傻"感和"假"感？因为微笑的感觉已经渗入了你的细胞，甚至对你的心态都产生了影响。

2. 微笑注意事项

想要笑得更美，还要记住下面几点：

（1）微笑不要"职业化"。随便去一家酒店或饭店，服务生为你拉门时的笑容可掬，你会觉得特别温暖吗？你只会觉得对方礼仪到位，但那微笑却如云过水无痕，留不下任何印象。因为他们笑得太空泛，根本引不起客人的注意。你笑的时候，一定要对上他人的目光，再露出笑容。

（2）微笑不要扭捏。古代女子以 "笑不露齿" 为美，这一东方淑女标准早已被现代人改变。笑起来连牙齿都不露的女人常被觉得 "扭捏"，不自然，因为真正的笑是开怀的，怎么能不露出牙齿呢？如果一个女人的笑始终不露齿，人们会忍不住怀疑她的牙齿是否太难看，她才会笑得这样 "遮掩"。笑起来要大方，才能让人舒服。不是所有的笑都要 "露齿"，有时莞尔一笑，只需轻扬嘴角，这个 "度" 要把握好。

（3）微笑要适度自然。所谓 "春风笑容"，其关键是要自然，不能皮笑肉不笑，假笑，敷衍笑，脸带微笑目光凶狠，脸上挂着笑身体完全不松懈，只会让人更不舒服。微笑一定要练到自然为止，不然别人的春风三月无限暖，你脸上却是二月春风似剪刀，刮得人透心凉，还不如不笑！

做个微笑的女人，不论何时，亮出你的微笑，就是亮出你对他人的诚意。女人的微笑不是固定的、程序化的，每个女人的微笑都有各自的特点，有些人笑的时候美目流盼，转一下眼睛，显得精灵；有的会露出小小的虎牙，憨厚可爱；有的会轻轻歪一下头，羞涩动人；有的笑容稍纵即逝，让人留恋……所以，找到微笑中最打动人的 "那一点"，你的微笑一定能让人过目不忘。

●●走出风景，动静之中显露高雅●●

女人的一举一动永远是人们注意的目标，走姿往往是最引人注目的身体语言。无论是在平日的工作中，还是在日常的生活中，女人走路的姿态，最能体现一个人的风度与活力，是别人对我们仪态评价的依据，更是优雅的要点。

《公主日记》中安妮·海瑟薇所扮演的皇室接班人，为了变身优雅公主，接受的第一项严酷训练，就是头顶厚厚的书本练习走路。

无独有偶，在《阮玲玉》这部电影中，张曼玉的走姿给人留下了深刻的印象。还记得这样的镜头吗？她高挑的身材，穿着单薄的旗袍，走在幽静的小巷子里，轻盈的走姿凸显了她最美好的身段，任何看过这个镜头的男人，都会心旌摇动，真切地感受到这个女人真是高贵而迷人，倾倒众生，这就是走姿所带来的迷人气质。

据说，为了演好阮玲玉这个角色，张曼玉曾在多面镜子前苦练走路，最终出神入化，让观众分不清她是张曼玉，还是阮玲玉。在现实生活中，这位年过五十的美女明星尽管淡出荧屏已久，行事低调，但只要她出现就能以优美的走姿攫取世人的注意力。

试想，一个女人如果走路时弯腰驼背、低头无神、脚步拖沓、步履迟缓，甚至八字脚、"鸭子步"，或者肩部高低不平、双手摆幅过大，你是不是觉得她无精打采、没有自信、缺乏风度，她的"优雅"也是虚浮的、没有力量的？

回想一下，平时你是如何走路的？你的走姿够优雅吗？走路姿势可以彰显一个人的气质，要想胜人一筹，成为众人的焦点，就要掌握正确的走姿，走出自己的气势来。一般来说，我们需要遵循以下要点。

1. 抬头挺胸，带着自信走路

《红楼梦》中，关于林黛玉的走姿有这样两句描述："闲静时似姣花照水，行动处如弱柳扶风。"古时美女走路以柔弱娴静为美，因为这样的女子更能牵动男子的心，激起男人心中的保护欲。不过，现代社会的女人独立、自主、坚强，已不用像"林妹妹"那样，而要面朝前方、双眼平视、抬头挺胸，带着自信走路，不要惺惺作态、故作扭捏，自有一种迷人的味道。

2. 步幅要小，步速要紧，步姿轻盈

步幅要小，步速要紧，步姿轻盈，以此走姿行走时，给人以文静、典雅、飘逸、玲珑之感，宛如"小夜曲"。尤其是穿长裙或旗袍时，你会发现身体被拉高，曲线更漂亮，女性的曲线特征明显起来，魅力也瞬间被放大了。

为此，你可以穿上一双 6 厘米左右的高跟鞋，你会感觉胸部挺起，腹部内缩，整条腿向后倾斜，腰明显塌下去，臀位明显提高翘起，小腿也变得饱满起来，脚背呈漂亮的弓形，脚好像小了许多，走路的步子自然也就变小了，一副楚楚动人的样子。

3. 使自己走在一定的韵律中

两眼前视，昂首挺胸，肩平不摇，干净利落地摆动两手，膝盖和脚腕都要富于弹性，具有鲜明的节奏感，使自己走在一定的韵律中，犹如模特的走姿，给人一种矫健轻快、从容不迫的动态美。

事实上，无论年龄、性别，人们都比较偏爱走路姿态轻盈快捷的人，而决定这种走姿的，就是走路时的韵律，具有鲜明、协调的节奏感，能够使人感到我们是缕轻柔的春风，妙不可言。

4. 在假想中强化自我训练

有气势的走姿非一日之功，要靠平时的自我养成。平常你可以训练自己，在地上画一条直线，你可以假想自己是名模特，直线是你的 T 形舞台，目不

斜视,旁若无人,走在一条直线上,这样看起来就有气势多了。

5. 心态影响步调,时刻调整情绪

走姿虽然决定于人的秉性,但与人的心情也有密切关系,它如同舞场的旋律,是为情绪打拍子的。与其说是走路轻、重、缓、急、稳、沉、乱等,不如说是人的内心或稳定或失衡、或恬静或急躁、或安详或失措的状态。所以,不必刻意研究怎么样走路更有气势,那些只是外在的,根本学不出那种由内至外散发出的逼人气势。一旦不注意,走路的姿势就会随着你内心的变化而发生相应的变化,进而打乱优雅的磁场。

走路时,最主要的是你要把自己的心态调正,保证稳定的情绪,抱着积极乐观的态度,自己要有充足的信心,走得稳而且直,这样走起路来自然就会有气势,而这种气势往往也最真实、最能感染人。

总之,女人的走姿千姿百态,没有固定模式,或矫健轻盈,或庄重优雅,或精神抖擞。但只要能够增添女性健康、贤淑、温柔、高雅之魅力,展示自身的风貌,表现自己的个性,那就是走出了自己的气势,就是美的。

●●那些小动作,你有吗?●●

有时候我会在周末参加一些网友的聚会,参会的大多是那些在一个论坛或者一个群里聊得来的人。大家互相不知道彼此的名字、年龄、工作,正因如此,我们可以卸去平日的伪装,轻松度过一个 AA 制周末。

每每这时候,我会选择 T 恤牛仔,素面朝天,扎马尾辫,穿帆布鞋,对

着镜子，觉得自己至少年轻 5 岁。来聚会的多是女性，而且大多和我一样，穿着简单随意，但我仍然能一眼看出她们的心思，平日有什么样的生活状态，甚至能够大概推测出她们的性格……

那个说话时总是喜欢将手刻意摆在对方视线范围内的女子，指甲晶莹剔透，绘着五彩花样，显然刚刚做完美甲；她还不止一次地将自己的头发拢至脑后，露出耳朵上的耳环，这个女子有小女人心思，很享受被人夸奖，时不时就要显摆一下。

一个女人说话时不停地摆手，动作夸张，可看出此人的不拘小节与粗线条。

一女子的右手从来没有放下过粉红色的手机，每隔半分钟就要打开一次，即使和人说话的时候，眼神也一直往手机上瞟，大概正在谈恋爱。

坐在我旁边的姑娘年纪不大，说几句话就会摸一下脸，或者摸摸鼻子，显得极端不自信，说起话来欲言又止，很显然，她压力大，心事多。

在这所有人中，有一个人最吸引我的目光，她话不多，打扮也不张扬，只偶尔晃动一下手中的杯子，看里面的液体旋转轻漾，这些动作是自然的、隐秘的，不留意的话根本注意不到。和她聊了几句，果然是个见解不凡、情调别致的 "熟女"……

你看，女人的小动作越多，暴露得就越多。不过，小动作也分好坏，有些小动作能够平添你的可爱和女人味，有些小动作却会让你的形象大打折扣。小动作一定要少，越少越显得你优雅大方，但是也不能完全没有，一来人不能完全控制自己的动作，二来你若真的一动不动，精准得像一台礼仪机器，只会让人觉得你没有趣味。

如果你对自己不够了解，那么赶快找几个能直言的闺蜜来一番 "动作调查"，让她们说出你的每一个小动作。接下来，找个没人的时候，对着镜子按照她们说的一个一个做，看看有没有不妥。那些看着不雅的，马上改；无伤大雅的，注意控制；萌萌的，保留。

还有一种方法可以配合使用，你去观察身边的女性，如你的朋友、你的同事、你的上司，看她们的小动作哪些让你觉得反感，哪些让你觉得可爱，前者戒除，后者借鉴。要注意，有些小动作很有个人色彩，你学了不一定有人家的效果，还是少学为妙。

还有些小动作必须改，因为那会影响你的美貌，比如总是用手托腮会让你多几条皱纹，皱鼻子会形成表情纹，喜欢单侧不张嘴咀嚼会让你形成"大小脸"……简而言之，脸部的小动作都有可能造成大问题，如果你爱笑，没办法，笑纹是少不了的，但其他问题可以避免。

下面是我总结出的，女性与人相处时最应该避免的小动作。

1. 耳语

在人多的场合不要耳语，别人听不到你在说什么，他们未必以善意来猜测你。特别是在他人讲话的时候，你耳语，说话的人以为你对他有意见，甚至以为你在偷偷笑话他。

2. 抠指甲和咬指甲

有些女性一紧张或者一思考问题就爱做这个动作，抠啊抠，咬啊咬。不得不说，如果是在私人场合，会有人觉得你的动作很可爱，但在公共场合，这个动作不但透露出你的焦虑与不自信，还会影响你的形象。

3. 摸脸

总摸脸的女人显得不大方，没自信。你的脸上又没有脏东西，不要总是摸来摸去。何况总是摸脸，手上的细菌也会附着在脸上，造成皮肤问题。敏感肌肤的女人有时候会因摸几下脸而发红生痘，因此摸脸是个让女人得不偿失的动作。

4. 捂嘴

大笑的时候，捂嘴掩饰一下是女人们的标志性动作。但是动不动就捂嘴的女人，不但没有了矜持的优雅感，反而成了害羞，甚至忸怩。

5. 身子乱晃

形容一个女子大笑，经常用 "花枝乱颤" 这个词，想象一下，清脆的笑声配合着纤美的身体，的确有美感。但是，如果这枝花随时随地都在乱颤，你还会觉得美吗？你会觉得这个人根本没有女人样，甚至觉得她轻佻。

6. 补妆

有些女人大方到了一定程度，在大庭广众之下就拿出化妆包，打开妆镜，化妆水一喷，口红一抹，粉扑一扑，旁人闻着袅袅香气，看你对着镜子做一个满意的表情。你以为他们在欣赏？其实他们在想你为什么这么懒，洗手间明明只有十几步！不管你多爱美，在别人面前拿出镜子就是失礼，若还要涂脂抹粉，你还有基本的礼貌吗？

7. 小女生动作

偶像剧里的小女生们，拍着手欢然而笑，牵住某个帅哥的衣角羞羞怯怯，不好意思的时候吐吐舌头，做错事的时候双手捂住脸，看着的确可爱。要记住，越是小女生做的可爱动作，你越要杜绝，因为你已经过了那个年龄，现在你做她们的动作，只会让人觉得你在装嫩，你在扭捏作态。在与少数亲友或爱人的相处中，这些动作无妨做做，说明你童心未泯，在人多的场合，千万不要做。

小动作的问题听上去不难解决，但却是"顽疾"，那些影响形象的小动作已经被你的身体记住，总是不知不觉就冒出来，连你本人都未必意识得到。

我有一个朋友苏珊，她知道自己有个小毛病，就是走路的时候喜欢扭屁股，于是就托我常常提醒她。所以，每次只要她走路时一扭屁股，我就会用手里的档案夹拍她一下；若有旁人，我就会咳嗽一声。不到一周，苏珊扭屁股的问题大大好转，一个月以后，顺利解决。所以，若想戒除某个小动作，你需要一个"监督者"，最好是你的爱人、你的室友、你的父母或者和你关系亲密的同事。告诉他们只要看到你做这个动作，就不留情面地训斥你，被训个百八十次，你就会改过来了。

参考文献

［1］刘燕君. 优雅的职业女性［M］. 马萨诸塞州：哈佛出版社，2010.

［2］徐俐. 优雅是一种选择［M］. 桂林：漓江出版社，2010.

［3］柴静. 看见［M］. 桂林：广西师范大学出版社，2013.

［4］钱钟书. 围城［M］. 北京：人民文学出版社，1991.

［5］唱斗、王生. 职业女性健康与优雅生活［M］. 北京：中国妇女出版社，2015.

［6］［韩］南仁淑. 二十几岁决定女人的一生［M］. 海口：南海出版公司，2007.

［7］［德］黑格尔. 美学［M］. 寇鹏程译. 南京：江苏人民出版社，2011.

［8］［法］莫泊桑. 项链［M］. 沈樱译. 北京：北京时代华文书局，2015.

后　记

完稿之际，我更加坚定地认为，女人的气质需要修炼！

女人的美貌敌不过时间，终有一天会韶光逝去，容颜变老，相反，气质却永不会褪色，历久弥香。美好的气质在于经年累月的积淀与修炼，气质之树须得扎根于文化、人格、修养的沃土中才可以枝繁叶茂，欣欣向荣。挖掘气质的内涵，从多方面进行修炼——修炼你的心态，修炼你的个性，修炼你的习惯，修炼你的仪表，修炼你的妆容，修炼你的仪态，就会修炼成一首雅致的诗，一曲动人的歌，一幅优美的画，一本馨香的书，一束艳丽的花，一瓶醉人的酒。如此女人，装点着这美丽的世界，犹如一道道亮丽的风景；如此女人，美丽永远，魅力永恒！

在本书的写作过程中，得到了许多同行的热情帮助，尤其是得到了许多闺蜜的大力支持，正是由于大家的答疑解惑，才使我在写作过程中排除了困扰，最终使本书得以完成。在此，对他们表示深深的感谢！